AF330553

RED. :

14

MIRE ISO N° 1
NF Z 43-007
AFNOR
Cedex 7 - 92080 PARIS-LA-DÉFENSE

INSTITUT

DES

FRÈRES DE LA DOCTRINE CHRÉTIENNE

DE NANCY

RÈGLEMENT

DES PENSIONNATS

Gardez l'ordre, et l'ordre
vous gardera. (St BERNARD).

NANCY

IMPRIMERIE CATHOLIQUE DE RENÉ VAGNER

RUE DU MANÈGE, 3

1887

INSTITUT

DES

FRÈRES DE LA DOCTRINE CHRÉTIENNE

DE NANCY

RÈGLEMENT

DES PENSIONNATS

Gardez l'ordre, et l'ordre
vous gardera. (St BERNARD).

NANCY

IMPRIMERIE CATHOLIQUE DE RENÉ VAGNER

RUE DU MANÈGE, 3

1887

AVANT-PROPOS

Notre Règle, page 163, laisse entendre que l'on devra établir un règlement pour nos pensionnats quand l'expérience aura fait connaître la marche rationnelle d'une Maison de ce genre, signalé les écueils où peut échouer le dévouement des Maîtres, et indiqué les industries propres à soutenir l'action de leur zèle. Après une expérience de trente années, il nous a semblé que le temps est venu de régulariser la direction à imprimer à nos grands Etablissements. Le besoin d'unité s'y fait d'autant plus sentir que les quatre cinquièmes des membres enseignants de la Congrégation y sont employés, et que l'esprit du corps entier souffrirait à rester plus longtemps abandonné aux prescriptions des différents coutumiers qui, actuellement, font loi parmi nous. Quand un Maître passe d'une Maison à une autre, il doit non seulement mouler son caractère sur celui de ses confrères, mais se plier aux exigences d'un règlement nouveau, en sorte qu'à chaque changement, il est obligé de faire un nouvel apprentissage. Nous pensons que nos Frères ont assez de vertu pour supporter les inconvénients qui résultent, pour chacun d'eux, d'un tel état de choses ; et, s'il n'en existait pas d'autres, nous pourrions nous contenter de les engager à imiter saint Paul, se conformant à toutes les circonstances et se faisant tout à tous pour gagner tous les cœurs à Jésus-Christ.

Mais si le régime des coutumiers se prolongeait davantage, nous craignons que la diversité des coutumes et le défaut d'unité dans les règlements n'affaiblisse en nous l'esprit de corps et l'attachement à la Congrégation. Et puis, le manque d'uniformité n'amènerait-il pas fatalement le défaut d'union ? Ne serait-il pas la source de comparaisons désobligeantes que l'on pourrait faire entre une Maison et une autre, et la cause du peu de zèle montré par quelques-uns en arrivant à un Etablissement où il leur semble que les règlements sont moins parfaits que ceux qu'ils avaient suivis jusque-là ?

Ces considérations nous ont convaincu de la nécessité de centraliser les efforts de tous, et d'unifier toutes nos forces en nous servant des mêmes moyens d'action pour accomplir l'œuvre commune. Pour cela, un seul règlement est nécessaire. Celui que nous vous présentons est le fruit de l'expérience de nos maîtres en éducation et de celle de nos propres confrères.

Vous le recevrez, N. T. C. F., avec la déférence due à tout ordre émanant des Supérieurs; et, comme il est dit à la même page 163, vous l'observerez « avec la même exactitude et le même esprit religieux » que la Règle elle-même, dont il est un supplément prévu et depuis longtemps annoncé.

PREMIÈRE PARTIE
RÈGLEMENT DES MAITRES

CHAP. I. — RÈGLES COMMUNES ET AVIS GÉNÉRAUX QUI REGARDENT TOUS LES MAITRES.

---

1. — Union des Maîtres. — Des Maîtres destinés à la vie commune doivent se regarder comme ne formant qu'une seule famille, dont le C. F. Directeur est le père. *Ils lui donneront en toutes circonstances les marques de respect qui lui sont dues comme au représentant de Dieu,* se persuadant bien qu'en fortifiant son autorité aux yeux des élèves, ils fortifient la leur qui en dérive. Ils lui soumettront leurs difficultés pour recevoir ses conseils ; d'un autre côté, ils accepteront avec joie les ordres et les décisions qu'il jugera nécessaire de leur transmettre, et ils s'emploieront avec zèle à en assurer l'exécution. Si donc il leur indique une tendance capable de nuire au bon esprit de la Maison, ou un défaut à combattre dans tel élève, tous, comme un seul homme, travailleront à extirper le principe pernicieux qui leur est signalé.

L'union des Maîtres se manifeste par l'unité d'action. Ils sont obligés de se soutenir mutuellement dans leurs discours et dans leurs actes à l'égard des élèves. Si quelqu'un se permettait de blâmer publiquement un confrère, ou de prendre des mesures capables de nuire à son autorité, il manquerait gravement à son devoir.

Au contraire, ils se souviendront qu'étant frères, ils doivent sacrifier à la paix leur susceptibilité et les réclamations de l'amour-propre.

Ils pratiqueront à l'égard les uns des autres les règles d'une politesse affectueuse et pleine de dévouement.

Ils se communiqueront en toute simplicité et cordialité leurs procédés, leurs méthodes, comme aussi leurs embarras, s'entr'aidant mutuellement et ne refusant jamais de se rendre service.

2. — Maintien de l'autorité. — Pour obtenir sur leurs élèves l'autorité et l'ascendant sans lequel leurs efforts seraient stériles, ils se montreront pour tous d'une exacte impartialité, d'un caractère ferme, sans emportement et d'une humeur toujours égale. Ils se mettront en garde contre les défauts inhérents à leur caractère ou à leur tempérament, comme l'impétuosité du sang, l'impressionnabilité des nerfs, l'entraînement ou la faiblesse du cœur, les écarts de l'imagination, etc., afin de se posséder toujours dans le calme et de juger dans la plénitude de leur raison.

Si la réputation d'hommes instruits contribue à consolider l'autorité des Maîtres, ils n'oublieront pas que rien ne remplace celle d'hommes vertueux. Ils s'appliqueront donc spécialement aux vertus capables d'édifier leurs disciples, comme la régularité, la modestie, la piété, etc., se persuadant bien que le dernier des Maîtres, s'il est vertueux, sera plus estimé et fera plus de bien que le premier, s'il laissait douter de la délicatesse de sa conscience ou de l'intégrité de sa vertu.

La discrétion, la réserve dans les paroles est un des moyens de conserver son autorité. Les Maîtres éviteront cette sorte de camaraderie avec un ou plusieurs élèves où, sans le vouloir quelquefois, on divulgue ce qu'il fallait taire, et surtout la recherche de cette popularité de mauvais aloi qui fait connaître d'avance les décisions prises pour le bien général, ou les paroles échangées sur le compte d'un élève même en dehors des Conseils. Ils se méfieront des élèves cajoleurs qui cherchent, par des paroles doucereuses, à capter la confiance d'un Maître pour lui arracher ses secrets, qu'ils font connaître à toute la communauté. En ces circonstances, le Maître, qui joue le rôle de dupe ou d'homme faible, est loin d'affermir son autorité.

Un Frère qui accepterait ou s'abaisserait à solliciter d'un élève un service pécuniaire, si léger et de quelque nature qu'il fût, nuirait singulièrement à son autorité. En outre qu'on se persuade bien que l'élève se prévaudrait de cet avantage pour devenir familier et difficile à diriger, et que les autres écoliers seraient autorisés à mettre en doute l'impartialité du Maître dans la correction des devoirs, des compositions et dans l'attribution des notes, des récompenses et des punitions.

3. — **Cadeaux.** — Pour les mêmes motifs, ils n'accepteront pas de cadeaux, pas même de cadeau de fête. Non seulement ils ne diront rien qui puisse laisser soupçonner qu'ils seraient flattés d'en recevoir, mais leurs confrères se garderont bien d'en susciter l'idée aux élèves. A l'occasion de la nouvelle année, s'ils reçoivent quelque présent qu'ils ne puissent refuser sans inconvénient, ils le porteront au C. F. Directeur le plus tôt possible, comme le demande la Règle.

4. — **Dignité.** — Rien ne nuit plus au respect que les élèves doivent à leurs Maîtres que le laisser-aller dans la tenue, dans la démarche, dans les gestes, dans les paroles. Ils attachent à cette immodestie habituelle une idée d'infériorité morale qui dégénère en mépris, et le Maître, à leurs yeux, n'est plus un éducateur, ce qui réduit son rôle à des proportions bien minimes pour un religieux. Les Frères apprécieront la sagesse des principes de modestie contenus dans la Règle ; ils s'abstiendront donc de

mettre les mains dans les poches, de gesticuler, de tutoyer les enfants, de dire ou de faire des bouffonneries, etc. Il semble inutile d'ajouter qu'ils descendraient au dernier degré dans leur estime s'ils étaient soupçonnés de manquer aux règles de la tempérance.

Toutefois la dignité qui convient à un religieux est l'opposé de ce maintien raide, austère ou hautain qui éloigne les enfants et rend infructueux tous ses efforts.

Les Frères désireux de faire le bien sauront allier en eux une douce réserve à une grande charité, une prudente retenue dans les gestes et les paroles à une aménité qui attire tous les cœurs, enfin une propreté et une décence de mise toute modeste à une simplicité qui veut garder les bienséances sans rien accorder à la vanité.

5. — Manière de punir les élèves. — Ils s'appliqueront à prévenir les punitions au moyen d'une vigilance attentive et du maintien de leur autorité. S'ils sont parfois obligés de punir, ils le feront dans la seule vue de ramener au devoir les enfants qui s'en écartent. Un Maître qui punirait par vengeance ou laisserait voir qu'il éprouve quelque satisfaction en infligeant une punition serait indigne de sa noble mission.

Le pouvoir de punir doit donc être exercé avec une extrême discrétion. Lorsqu'une punition est donnée sous l'empire de la colère ou d'une vive impatience, elle excède ordinairement la faute qui l'a attirée, et la justice alors exige qu'on la supprime ou qu'on en affaiblisse la rigueur, ce qui est regrettable, et donne à entendre qu'on a cédé au mouvement de la passion. L'usage des pensums surtout doit être modéré par la raison. Doubler, tripler une punition est souvent le moyen de se déconsidérer ; car les élèves, qui ont affaire à plusieurs Maîtres, sont en certains cas tellement accablés de lignes, ou de devoirs à réparer, que l'exécution en devient matériellement impossible. Et puis on a le droit d'exiger la perfection dans un pensum de quelques lignes, et cette sévérité quant à l'exécution est souvent plus redoutée qu'un long pensum pour lequel l'indulgence semble de rigueur ; en tous cas elle est plus profitable à l'élève et cela seul doit faire préférer les pénitences modérées. Les Frères désireux de se perfectionner dans l'exercice de leur emploi se souviendront que le meilleur Maître est celui qui punit le moins tout en maintenant une exacte discipline autour de lui.

6. — Discipline. — La discipline est un devoir qui regarde tous les Maîtres. Quelque part qu'ils rencontrent un élève en faute, qu'ils soient de présidence ou non, ils doivent le reprendre. Rien ne serait plus funeste à l'ordre que l'indifférence ou la faiblesse des Maîtres en de semblables occasions ; car elle serait une approbation tacite de la conduite de l'élève, et elle lui laisserait entendre qu'une faute n'est répréhensible que lorsqu'elle a été remarquée par le Maître de discipline. Cette règle seule, bien observée, assurerait l'ordre disciplinaire de la Maison.

7. — Récréations. — Le Maître de discipline et le Professeur de semaine sont chargés de la discipline générale des récréations. Néanmoins tous les Maîtres qui n'ont pas reçu d'autre mission doivent se rendre au milieu de leurs élèves, en se mêlant à leurs jeux avec une aimable gaîté, sans y montrer ni susceptibilité, ni allures hautaines, mais aussi sans familiarité déplacée. Ils les reprennent avec modération s'ils remarquent quelque chose de répréhensible dans leurs paroles ou leurs actions, remettant à plus tard de punir un élève coupable, pour ne pas rompre le charme des amusements. Un

Maître zélé se souviendra qu'il peut faire plus alors pour la préservation de l'innocence de ses enfants, pour la formation au bon langage et aux bonnes manières; pour le maintien de la charité et du bon esprit, que pendant les heures destinées à la classe et même à la lecture spirituelle. Son autorité, loin d'en être affaiblie, y gagnera s'il sait se montrer digne, impartial et juste.

8. — **Bienséances.** — La marque extérieure de la bonne éducation étant l'observation des règles de la politesse, les Maîtres sauront par leurs conseils, et plus encore par leur exemple, former leurs élèves à l'habitude des bienséances sociales. Ils ne toléreront jamais ce genre collégien qui est en tout l'opposé de la bonne éducation. Ils interdiront absolument les querelles, les sobriquets, les plaisanteries blessantes, les jeux de mains, les familiarités inconvenantes et ce langage trivial, ces termes parfois odieux tirés de l'argot des mauvais collèges. Ils reprendront les élèves chaque fois que leur langage sera incorrect ou peu charitable, se persuadant bien que le succès ne couronnera leurs efforts qu'à la suite d'une longue persévérance.

9. — **Usage du carnet.** — Pour maintenir la discipline et la régularité, pour suivre les élèves et pouvoir rendre un compte exact de leur conduite au C. F. Directeur, ou pour être en état de leur attribuer chaque semaine ou chaque mois une note de conduite avec connaissance de cause, les Maîtres feront très souvent usage de leur carnet. La vue d'un Professeur ou d'un Surveillant qui prend note d'une infraction produit toujours une impression salutaire sur les élèves. D'un autre côté cette habitude développe dans un Maître cet esprit d'observation qui le rend plus apte à remplir ses fonctions et lui donne sur les élèves un ascendant qu'il sait tourner à leur profit. Que tous les Maîtres,

les jeunes Frères surtout, s'ils ne veulent asseoir leur jugement sur l'impression du moment, s'habituent à inscrire ce qui est en faveur d'un élève aussi bien que ce qui est en sa défaveur. Qu'ils notent aussi ce qui leur paraît en souffrance dans les différents services de la Maison pour en avertir le C. F. Directeur. Celui qui, dans les Conseils, n'aurait jamais rien à dire, montrerait qu'il apporte peu de zèle à l'exercice de son emploi et peu d'intérêt au bien de la Maison.

10. — **Exactitude**. — L'exactitude est une qualité nécessaire non-seulement au Maître de discipline et au Professeur de semaine, mais elle est indispensable à tous les Maîtres dans une communauté. *Ils se trouveront toujours d'avance où la cloche les appelle;* car les élèves pourraient profiter de leur absence pour se dissiper ou commettre quelque faute dont ils seraient les premiers responsables.

11. — **Vigilance**. — *Un élève ne doit jamais être seul sans surveillance,* quelques fonctionnaires exceptés. Les Maîtres s'interdiront donc absolument de le mettre hors de l'étude, de la classe ou de l'ordre commun. Ils enverront, s'il est nécessaire, un billet au Maître de discipline pour le prier de prendre un élève indiscipliné. Quand un élève est autorisé à quitter l'étude, la classe ou la récréation, ce qui doit être rare, il sera accompagné du Maître qui est venu l'appeler jusqu'à ce qu'il ait été remis entre les mains de ceux qui désirent lui parler. Si c'est l'un des Maîtres qui demande un élève, après en avoir obtenu l'autorisation du C. F. Directeur et avoir prévenu le Maître qui préside, il va le chercher lui-même, et il le ramène quand il n'en a plus besoin.

Pour la même raison, un Maître chargé d'une présidence quelconque ne doit quitter ses élèves qu'après l'arrivée du Maître qui doit lui succéder.

12. — Permissions. — Quel que soit le nombre des Maîtres qui aident à la surveillance dans une même salle, une récréation, une promenade, les permissions ne sont accordées que par celui qui préside.

13. — Respect du silence. — Les Maîtres ne doivent jamais causer en présence des élèves soit en promenade, soit dans la cour, soit à l'intérieur de la maison, quand ceux-ci sont astreints au silence. Ils évitent de parler à haute voix en traversant un quartier où les élèves sont au travail en classe ou à l'étude.

14. — Rapports avec les élèves. — Les amitiés particulières seront l'objet d'une poursuite incessante de la part des Maîtres : chacun en comprend le danger. Si même un Frère, séduit par les qualités d'un enfant, lui donnait les marques d'une amitié trop humaine, il est du devoir strict de ses confrères d'en avertir le C. F. Directeur ; car c'est ainsi que commencent ces grands scandales qui ont quelquefois éclaté au sein des communautés.

Tous les Maîtres s'interdiront donc de toucher les élèves au visage ou de leur prendre les mains. Outre que les écoliers verraient une marque de prédilection dans ces caresses, même indifférentes, elles exalteraient la vanité et la mollesse de l'élève qui les recevrait et elles constitueraient pour le Maître un danger moral et une tentation d'autant plus dangereuse qu'il en aurait volontairement recherché l'occasion.

Il importe même qu'un Maître ne se trouve jamais seul avec un élève, sans permission, s'il ne veut laisser suspecter sa vertu. Lorsqu'il désire faire quelque observation particulière à un enfant en vue de son bien, il se promène isolément avec lui dans la cour de récréation ; mais il ne le garde ni à l'étude, ni en classe, ni dans un lieu écarté de la communauté.

Il est absolument défendu aux Maîtres de frapper, de rudoyer les élèves, de leur infliger une punition interdite par les règlements académiques, ou dont leur santé aurait à souffrir, comme de les mettre au piquet en hiver, ou dans un courant d'air froid, etc.

15. — **Rapports avec les femmes de service.** — S'il existe à la Maison des Religieuses ou s'il **y** paraît quelquefois des lingères, une cuisinière ou femme de ménage, les Frères *éviteront tout rapport avec elles*. A l'occasion, ils transmettraient leurs réclamations par le frère linger, ou par celui que le C. F. Directeur aurait désigné pour cet office.

16. — **Précautions hygiéniques.** — Pendant les études et les classes d'une certaine longueur, les Professeurs ou Présidents d'études, auront soin de pourvoir au renouvellement de l'air dans les salles, même en hiver. Dans la saison d'été, les fenêtres situées d'un même côté seront ouvertes, s'il est possible. Ils veilleront aussi à ce que les salles soient suffisamment chauffées, mais sans excès, surtout au moment de la sortie. L'oubli de ces précautions peut avoir une grande influence sur la santé des élèves.

CHAP. II. — RÈGLES DES FONCTIONS PARTICULIÈRES.

Iº. — Règles du C. F. Directeur.

Le C. F. Directeur est l'âme de la maison ; il dirige, surveille et contrôle tout, parce qu'il a la responsabilité première de tous les services ; il agit et surtout il fait agir ses collaborateurs, après les avoir animés de son esprit qui est l'esprit de la Règle.

1 — **Gouverner.** — Son premier devoir est de gouverner. Il se rappellera donc que s'il doit être bon, charitable et affectueux dans ses procédés, il ne lui est cependant pas permis d'abandonner la direction des fonctions principales au zèle ou au caprice de ses confrères ; que l'unité, et conséquemment le succès, exige que son action se manifeste partout, et que l'estime de ses Frères, base de son autorité, ne lui sera acquise qu'autant qu'ils se sentiront gouvernés.

En conséquence, il se montrera avant tout homme d'action et de dévouement, non *pour tout faire par lui-même,* mais pour s'assurer que les décisions prises et les mille détails prévus par la Règle sont mis en pratique. Il en exigera l'accomplissement avec suite et fermeté, se persuadant bien qu'il aura moins à sévir en montrant une constance énergique dans l'exercice de ses fonctions, qu'en laissant paraître une indulgente faiblesse dont les subordonnés profiteraient pour négliger leur devoir. En un mot, s'il ne peut tout faire, il doit tout savoir pour donner une direction, et tout prévoir pour que les divers services fonctionnent avec aisance et régularité.

2. — **Formation des jeunes Frères.** — Un devoir non moins essentiel est la formation de ses confrères, surtout des débutants et de ceux que l'expérience n'a pas encore mûris. Il n'oubliera pas que les connaissances théoriques acquises au Noviciat, quoique nécessaires, sont absolument insuffisantes pour former un religieux et pour préparer un jeune Maître à l'accomplissement de ses devoirs ; que c'est à lui que les Supérieurs confient les jeunes Frères au moment où ils doivent faire l'application des préceptes de la vie religieuse au milieu du monde, et mettre en pratique les principes de la pédagogie.

Il ne se contentera pas de leur apprendre ce qu'ils

ont à faire, mais il leur enseignera la manière dont ils doivent le faire, n'oubliant pas qu'il doit plutôt les encourager ou les modérer, que de leur adresser des reproches quand le succès n'a pas répondu à leurs efforts.

Pour mieux faire goûter ses conseils, il devra montrer pour tous une charité prévenante et attentive, mais exempte de faiblesse et de partialité ; appuyer ses observations sur un article du règlement ayant force de loi ; procurer à ses Confrères, dans les limites de la sainte Pauvreté et de la Règle, ce qui paraît nécessaire à leur santé, à leur instruction et à leur succès auprès des enfants ; éviter tout ce qui pourrait justement les froisser, comme certains procédés, certains oublis, certaines paroles vives ou blessantes ; enfin les féliciter chaque fois qu'un succès plus marquant est venu récompenser les efforts de leur zèle.

Un Directeur que la timidité ou la crainte de déplaire empêcherait de remplir dans toute son étendue le devoir de la direction et de la formation de ses Confrères, exposerait l'avenir de sa Maison, et manquerait à l'une de ses obligations les plus graves et les plus importantes.

3. — **Conseils.** — Persuadé qu'un Supérieur ne possède jamais trop de lumières avant de prendre une décision, qu'il est important pour celui sur qui pèse la responsabilité d'obtenir des renseignements détaillés sur le fonctionnement des divers services et sur les progrès, les défauts et les qualités des enfants confiés à sa sollicitude ; qu'une entente est nécessaire entre des Maîtres qui doivent coopérer à une action commune et que rien n'est plus propre à former l'expérience des jeunes Frères que la mise en commun des méthodes, des procédés et des lumières de tous, le C. F. Directeur *réunira très exac-*

tement le Conseil des Maîtres, chaque semaine, la veille du jour de la lecture des notes.

4. — Maintien du bon esprit. — Il apportera la plus grande sollicitude à maintenir le bon esprit parmi ses confrères. En conséquence il exigera d'eux l'accomplissement exact des Règles, spécialement de celles qui concernent la bienséance, la charité et le respect de l'autorité. Il évitera toute mesure capable de susciter justement des critiques ou des murmures, et il usera de son autorité sur le C. F. Procureur pour lui faire observer les mêmes règles de prudence. Il sera juste envers tous et craindra par dessus tout le reproche de partialité. Enfin il prendra vis-à-vis des enfants et de leurs parents le parti de ses Confrères en tout ce qui ne lui paraîtra pas injuste ; et même lorsqu'ils se sont compromis, il cherchera à les excuser dans la mesure du possible.

Pour conserver le bon esprit parmi les élèves, il ne recevra jamais ou presque jamais un enfant âgé de treize ans ou plus, ayant passé plus d'un trimestre dans une maison où l'existence du mauvais esprit est de notoriété publique. Il refusera également, d'où qu'il vienne, un élève renvoyé d'une autre Maison. Sa sollicitude se portera vers les élèves des classes supérieures dont l'exemple a tant d'influence sur leurs condisciples. Il n'hésitera pas un instant à écarter un jeune homme dont les habitudes immorales seraient connues de quelque élève. Il découragera les amitiés dangereuses en les faisant poursuivre incessamment, mais avec prudence par ses collaborateurs. Il réprimera sévèrement et il renverra, si cela est nécessaire au bon ordre, les esprits murmurateurs, ceux qui affichent leur scepticisme ou leur impiété, ceux qui se moquent des pratiques de piété de leurs condisciples, ou qui cherchent à envenimer le mécontentement d'un élève contre ses Maîtres, ceux qui manqueraient gravement au respect et à l'obéissance dûs aux Supérieurs. Mais il exigera que les Maîtres, de leur côté, ne compromettent jamais leur autorité en se laissant aller à la colère, à la vengeance, à l'injustice ou à la brutalité. Enfin il fera comprendre à ses confrères que le défaut de vigilance, surtout pendant les récréations et les promenades, peut ouvrir la porte au mauvais esprit dans la Maison.

5. — **Maintien de l'union.** — Le C. F. Directeur s'appliquera à prévoir les causes de discorde et à maintenir la charité et l'union dans la Règle parmi ses confrères, leur faisant comprendre que c'est la condition première du succès en éducation ; que les tiraillements, les rivalités et les scandales détruiraient l'œuvre commune, ce qui serait un crime. Mais s'il arrivait quelque désunion, par suite de froissements ou de conflits d'attributions, le C. F. Directeur interposera promptement son autorité, et décidera avec douceur et fermeté du point en litige. Il solliciterait auprès du T. H. F. Supérieur Général le changement de celui qui recevrait mal sa décision, si le maintien de l'union était à ce prix.

6. — **Direction du travail des confrères.** — En dehors des moments consacrés aux élèves, les Professeurs ou Surveillants ont quelques temps libres *qu'ils ne peuvent employer à leur fantaisie.* Le C. F. Directeur veillera à ce que les jeunes Frères s'occupent exclusivement de la préparation de leurs examens annuels, qui est en même temps une préparation au brevet supérieur, sauf les instants, désignés par lui, où ils pourront cultiver les arts d'agrément en vue de se rendre utiles à la communauté. Il permettra à ceux qui ont le brevet complet de s'appliquer de préférence aux facultés pour lesquelles ils ont le plus de dispositions. Il visitera souvent les salles communes pour se rendre compte

du travail de chacun et s'assurer que le temps est sérieusement employé.

7. — Exceptions. — Il se persuadera qu'une exception non prévue par la règle est presque toujours une porte ouverte au relâchement et au désordre et qu'il lui est impossible d'en autoriser quelqu'une sans créer un précédent contre lequel il ne pourra guère réagir sans être accusé de partialité. C'est toujours en se basant sur un article du règlement qu'il résistera aux instances peu raisonnables de certains parents pour obtenir une permission ou une exception en faveur de leurs enfants. S'il ne veut engager sa Maison dans une mauvaise voie, il saura donner un refus poli, mais très net aux premières ouvertures que tenteraient les parents pour le faire condescendre à leurs désirs.

Il en agira de même à l'égard des Maîtres ou des élèves qui solliciteraient pour eux-mêmes des exceptions non prévues par la Règle, sauf le cas d'absolue nécessité ou de force majeure.

8. — Détails d'administration. — Dès les premiers jours des vacances d'Août, le C. F. Directeur, accompagné du C. F. Procureur, fait une visite détaillée des classes, des salles d'étude, des dortoirs, des réfectoires, de la lingerie, du vestiaire, du lavoir, de la cour et du jardin, inspectant le pavé, le plafond, les murailles et le mobilier, et notant toutes les réparations à effectuer. Puis il donne des ordres pour que ces diverses réparations soient achevées avant le retour des élèves. Quelques jours avant la rentrée d'Octobre, il fait une nouvelle visite pour s'assurer que ses ordres ont été exécutés.

Vers la fin des vacances, il réunira les Maîtres en Conseil extraordinaire pour désigner à chacun sa fonction principale et ses fonctions accessoires, afin que tous puissent s'y préparer convenablement. Puis on examine en commun quels sont les élèves anciens à admettre à un cours supérieur. Les Professeurs peuvent dès ce moment composer la liste provisoire de leurs élèves.

La veille de la rentrée, il assigne à chacun sa place et son rôle pour le lendemain, s'efforçant de prévoir tout ce qui est de nature à assurer l'ordre et la pratique des bienséances à l'égard des parents et des enfants.

Il a seul le pouvoir d'accorder des remises de pension. Il en usera le plus rarement possible et seulement en faveur de sujets pauvres, méritants et munis des meilleures recommandations. Il se fera un devoir de conscience de ne point dépasser le chiffre total admis par le Chapitre de la Congrégation. Quand il aura consenti à quelque réduction, il en préviendra immédiatement le C. F. Procureur, par une note écrite précisant bien les conventions établies avec les parents.

Pendant le premier mois, le C. F. Directeur *lit et commente le règlement des élèves au moment de la lecture spirituelle qu'il leur fait chaque soir.* Il en est de même à la rentrée de Pâques, où il abrège néanmoins ses explications.

Il s'entendra plusieurs mois à l'avance avec M. l'Aumônier sur le choix d'un prédicateur de la retraite aux enfants laquelle se donnera autant que possible dans le courant du mois d'Octobre.

Pendant les mois d'exercice, le C. F. Directeur vérifie quelquefois la qualité des mets servis aux élèves. Il visite les divers locaux affectés au service de la communauté, pour s'assurer que les précautions hygiéniques ont été prises, soit avant ou après, soit pendant les exercices. Chaque semaine il visite aussi les dortoirs, tantôt le matin, tantôt le soir, quelquefois même avant ou après les promenades. Il entre chaque jour à l'infirmerie pour encourager et consoler les malades, et dans la chambre des Maîtres indisposés pour s'assurer que rien ne leur manque. Il n'oublie pas d'aller voir quelquefois les études et les classes et d'assister à l'exercice qui se fait au moment de la visite. Il préside à tous les examens. Il se rend le plus souvent possible aux récréations, afin de mieux connaître les enfants et de juger exactement de l'esprit qui les anime. Il se trouve quelquefois dans les *mouvements* et aux lieux de passage de la communauté où il remarque la tenue des élèves et l'exactitude des Maîtres. En un mot, *il a le droit et le devoir* de s'assurer qu'en tout et partout le règlement est observé.

9. — Il verra en particulier *tous les nouveaux*, peu de temps après leur entrée et il les interrogera sur leurs antécédents, leur première communion, leur vocation et leur piété, afin de les bien connaître et de les mieux diriger. Il les engagera à s'ouvrir franchement à lui et à le venir trouver toutes les fois qu'ils auront des peines ou qu'ils éprouveront des difficultés. Quant aux enfants qui auraient commis quelque faute notable ou éprouvé quelque malheur, il les fera venir pour les consoler et relever.

10. — Le C. F. Directeur fait chaque jour la lecture sprirituelle aux élèves. S'il y a plusieurs divisions, il préside tantôt à l'une, tantôt à l'autre, et il est suppléé par le C. F. Sous-Directeur dans la division où il n'a pu se rendre.

11. — Il se rend également à la prière du matin et fait lui-même chaque jour la lecture aux jeunes gens de la première division, à moins que le zèle de M. l'Aumônier ne le porte à partager avec lui la présidence de cet important exercice.

12. — Comme les élèves ont besoin d'un cours suivi d'instruction religiense, il désignera les Maîtres qui, de concert avec M. l'Aumônier, feront, selon la Règle et les décisions des Conseils, le catéchisme aux enfants des différentes classes. (Voir la *Circulaire* N° 44, page 285).

13. — Il est chargé des rapports avec les parents, le Clergé et les bienfaiteurs de la Maison.

14. — Il signe les billets de sortie, s'entend avec les parents de l'heure de la rentrée et prend note de cette heure, afin de s'assurer que le retour s'effectue au moment indiqué. Puis il prévient le C. F. Procureur du nombre des absents et communique au C. F. Maître de discipline et aux professeurs intéressés la liste des élèves sortis.

15. — Il reçoit, ouvre et visite toutes les lettres qui viennent du dehors et celles qui sortent de la Maison.

16. — Vers la fin de l'année scolaire, il examine avec soin les listes des Prix qui lui sont remises par les Professeurs, et il fait imprimer le *Palmarès*. Il a dû commander dès le mois de Mai les livres de prix afin de pouvoir contrôler la valeur et la moralité des ouvrages non revêtus d'approbations épiscopales.

II. — Règles du C. F. Sous-Directeur.

1° — Le C. F. Sous-Directeur est en toutes choses le suppléant immédiat du C. F. Directeur. Il partage avec lui la sollicitude de la direction générale de la Maison, et préside aux exercices de la communauté en son absence. Il peut joindre à ses fonctions celles de Directeur des Etudes.

Outre l'observation des règles générales inscrites au livre des Règles, page 322, le C. F. Sous-Directeur d'un Pensionnat est chargé des fonctions suivantes :

2. — Il lui appartient spécialement d'assurer le bon ordre des rentrées et des sorties générales, soit au commencement ou à la fin, soit dans le courant de l'année. Il prend des renseignements sur les faits à éclaircir et règle avec sagesse les questions imprévues qui peuvent surgir.

3. — Il est le Secrétaire du Conseil des Maîtres, rédige les délibérations en inscrivant en marge les résolutions prises, et garde le registre. A la fin de

l'année scolaire, il inscrit en face du nom des élèves qui ne doivent plus rentrer, les notes convenues au Conseil et qui doivent rester aux archives.

4. — Il est spécialement chargé de veiller à ce que les enfants remplissent leurs devoirs envers leurs parents et leur écrivent aux époques convenues, sans oublier ni leur fête, ni les souhaits de bonne année. Il tiendra note de ces différentes époques de correspondance, recevra, pour motif de contrôle, les lettres que les élèves envoient à leurs parents, et les remettra au C. F. Directeur.

5. — Il fait la lecture spirituelle à l'une ou à l'autre division d'élèves, en permutant avec le C. F. Directeur.

6. — Il veille à l'exécution du règlement de la retraite des enfants.

7 — Il s'entend avec les Surveillants pour s'assurer que les enfants se confessent exactement et qu'ils fréquentent les sacrements.

8· — De concert avec le Professeur de musique, il choisit les cantiques qui doivent être chantés le jeudi pendant la sainte Messe, et les chants propres à rehausser la solennité des offices du Dimanche et des jours de fêtes.

9. — Il nomme les enfants de chœur en tenant compte des nécessités du chant, et désigne le temps destiné à les exercer aux cérémonies religieuses. Il veille, de concert avec le Maître de discipline, à ce que tous les élèves chantent ou se servent d'un livre de piété pendant les offices, et, au besoin, il leur apprendra à se servir du paroissien.

10. — Après les rentrées générales, et plus souvent s'il le juge à propos, il fait, ainsi que le C. F. Maître de discipline, la visite des pupitres et des malles des élèves, et il confisque tout livre, tout chant, qui n'a pas été soumis au timbre de la Maison. En outre, des visites particulières sont faites chaque fois qu'il y a lieu de craindre l'introduction

de mauvais livres, de gravures ou de chansons obscènes.

III. — Règles du C. F. Procureur.

1. — Le C. F. Procureur, sous la direction immédiate du C. F. Directeur, est chargé de l'administration du temporel de la Maison ; savoir : recettes et dépenses, nourriture, santé publique, propreté, entretien et réparation des meubles et immeubles, vestiaire, lingerie, domestiques et ouvriers.

2. — Il doit obéissance au C. F. Directeur. Si néanmoins dans une question importante, il y avait entre eux divergence de vues, il pourrait soumettre le cas au T. H. F. Supérieur général.

3. — Tout élève en entrant paie d'avance le premier terme et les frais accessoires. Le jour de la rentrée, le C. F. Procureur inscrit sur un registre le nom de chaque élève, son numéro, le prix de sa pension, les classes particulières qu'il désire, la somme reçue au premier versement, l'adresse de ses parents, et celle des personnes qui paient sa pension.

4. — La note de chaque élève est envoyée aux parents avec les bulletins trimestriels. Chaque trimestre est payable d'avance. Sans se montrer trop rigoureux à cet égard, le C. F. Procureur fera entendre aux parents que cette mesure est nécessaire pour qu'il puisse lui-même satisfaire honorablement à ses obligations vis-à-vis des fournisseurs de la Maison. En tous cas, il évitera de laisser s'accumuler deux trimestres non payés; et par des lettres polies. il rappellera les retardataires à l'exactitude après l'avis du C. F. Directeur.

5. — Outre le journal, le grand-livre et le livre de caisse, le C. F. Procureur fera usage de livres accessoires en nombre correspondant à celui des services. Il tiendra tous ces livres avec la plus rigoureuse exactitude, se persuadant bien qu'une erreur de

comptes produit une impression déplorable sur les parents ou les personnes intéressées.

6. — L'un des principaux devoirs de sa charge, c'est de se rendre compte par lui-même, chaque semaine au moins, du prix des denrées variables, d'examiner soigneusement les livrets des fournisseurs quotidiens, de faire peser en sa présence le pain, la viande, etc., de comparer la qualité des marchandises, afin que les divers fournisseurs soient bien persuadés qu'il est de leur intérêt de servir consciencieusement. Les renseignements qu'il aura obtenus lui feront connaître l'époque où les comestibles, les vins surtout, sont à meilleur marché. Il s'approvisionnera alors de celles des denrées qui peuvent se conserver. Enfin, l'expérience lui prouvera qu'en ce qui concerne l'usage, une marchandise de bonne qualité, payée à son prix, est plus avantageuse que celles qui sont annoncées à bon marché.

7. — Il donne des ordres pour que les Maîtres soient servis promptement et convenablement selon la règle, en ce qui concerne la nourriture et le vêtement. Il ne les obligera pas à venir réclamer plusieurs fois les mêmes objets, quand il est reconnu qu'ils sont nécessaires, et il les recevra toujours sans brusquerie et avec une politesse affectueuse.

8. — Il ne fera entreprendre aucun ouvrage de maçonnerie, sans que le plan et le devis n'aient été approuvés par le C. F. Directeur et par les Supérieurs; il est chargé, sous le contrôle du C. F. Directeur, de veiller à la loyale exécution du marché conclu avec les entrepreneurs.

9. — La surveillance des ouvriers et des hommes de journée le regarde comme celle des domestiques.

Il prendra note de tous les ouvrages commandés aux ouvriers, du nombre de jours ou d'heures employées par les journaliers au service de la Maison; puis quand il recevra leur mémoire: il en vérifiera l'exactitude au moyen de son carnet.

10. — Il surveille avec soin l'emploi des provisions mises à la disposition du tailleur, du cordonnier, du cuisinier, du réfectorier, du caviste et des domestiques, réprimant tout gaspillage et empêchant que personne ne détourne rien à son profit.

11. — Le vendredi de chaque semaine, il dresse le tableau de la nourriture de la semaine suivante. Il en communique le projet au C. F. Directeur, et tient compte de ses observations avant de le remettre au cuisinier.

12. — Il visite la cuisine et le réfectoire avant le repas, pour s'assurer que ses ordres sont exécutés quant à la qualité et à la quantité des aliments servis.

13. — Après le repas, notamment les jours de fête, il fait rentrer immédiatement à l'office ce qui peut rester sur les tables en vins, liqueurs, desserts, etc., afin de prévenir les abus que les domestiques en pourraient faire.

14. — Il dirige tous les domestiques, veille à l'emploi de leur temps. visite chaque jour les dortoirs, les cabinets, les salles, les classes, les études, le réfectoire, la chapelle, etc., pour s'assurer que la plus exacte propreté règne partout, et que ses ordres relativement au chauffage, à l'éclairage, à l'hygiène sont exécutés et qu'aucun relâchement ne s'introduit dans le service. Il les prévient qu'ils ne doivent avoir aucune relation avec les élèves, et qu'ils ne peuvent faire que sur ses ordres des commissions pour eux.

15. — Il sollicite du C. F. Directeur le renvoi des domestiques ineptes, paresseux, infidèles ou de mœurs douteuses, et il pourvoit à leur remplacement.

16. — Il fait la prière du matin et celle du soir aux domestiques réunis, veille à ce qu'ils assistent aux offices le dimanche et à ce qu'ils remplissent au moins le devoir pascal. Il les engage à s'approcher des sacrements aux grandes fêtes, et plus souvent s'il est possible.

17. — Il ne les laissera sortir en ville que de jour et pour de bonnes raisons ; ils devront se présenter à lui au retour. Il les reprendra de leurs défauts avec prudence et douceur, n'oubliant pas qu'ils sont généralement d'une plus grande susceptibilité que les personnes d'une éducation plus soignée.

18. — Le bétail et les animaux domestiques sont sous la responsabilité du C. F. Procureur. Le cheval et la voiture ne peuvent être employés qu'avec son autorisation.

19. — Le C. F. Procureur portera sa vigilance sur les jardins, les cours de récréation, les murailles, les bâtiments, afin de pourvoir à leur entretien en temps convenable.

20. — La cave sera souvent visitée, afin qu'aucun détournement ne puisse être effectué sans qu'il s'en aperçoive immédiatement.

21. — Sa caisse et sa chambre seront fermées soigneusement à clef chaque fois qu'il sortira, pour éviter à certains élèves ou à certains domestiques un sujet de tentation.

22. — Au reste, il ne gardera chez lui que les sommes nécessaires à la marche de la Maison. Le surplus sera compté aux fournisseurs pour les dépenses courantes, ou envoyé à la Maison-Mère pour subvenir aux charges de la Congrégation.

23. — Il est chargé de l'achat et de la vente des livres et des fournitures classiques en usage dans la Maison. Pour assurer l'ordre dans la distribution de ces objets aux élèves, il n'en délivrera sans carnet qu'au comptant. Les autres élèves écrivent les objets dont ils ont besoin sur un carnet spécial qu'ils remettent à leur professeur. Celui-ci s'assure que les élèves ne demandent rien qui ne leur soit nécessaire, puis il transmet les demandes au C. F. Procureur, qui dispose les carnets par ordre de classes, accompagnés des effets demandés, préalablement inscrits sur un registre spécial. A l'heure convenue avec les Pro-

fesseurs, il ouvre la Procure ; et les élèves, accompagnés d'un Maître, viennent chercher les objets demandés et les portent à l'étude, ou bien il les remet lui-même aux élèves dans leurs classes respectives.

IV. — Règles du C. F. Directeur des Etudes.

1. — Le jour même de la rentrée, tous les élèves nouveaux doivent être présentés au C. F. Directeur des Etudes, qui leur fait subir un rapide examen et leur assigne provisoirement une classe où ils feront les compositions d'épreuve.

Des compositions d'orthographe et d'arithmétique ont lieu dans la matinée du lendemain, et sont corrigées immédiatement. Après ces épreuves, s'il reste des doutes au C. F. Directeur des Etudes sur le classement de quelques élèves nouveaux, il les interroge soigneusement ; car il est très important qu'ils soient placés dans un cours en rapport avec leurs facultés et les connaissances qu'ils ont acquises.

Pendant ce temps, le C. F. Procureur, aidé d'un secrétaire provisoire, distribue les livres et les effets classiques aux anciens élèves qui lui arrivent cours par cours sous la direction de leurs Professeurs.

Dans la soirée, les Professeurs réunis en Conseil, procèdent au classement définitif qui est proclamé le jour même ou le lendemain dans la matinée. Puis les nouveaux sont pourvus des classiques qui leur sont nécessaires, et les classes commencent.

2. — Dans la visite que lui ont faite les parents le jour de la rentrée, le C. F. Directeur des Etudes a dû s'informer des répétitions et des cours supplémentaires que doit suivre l'élève. Dès le commencement de la seconde semaine, ces leçons particulières sont organisées, et les études prennent une marche régulière.

3. — L'organisation de la rentrée étant terminée, il fait examiner les devoirs de vacances que les élèves

ont dû remettre dès le premier jour entre les mains de leur Professeur. La note attribuée à chaque élève en raison de son travail, est inscrite au registre des compositions.

4. — Le C. F. Directeur des Etudes est dépositaire du programme détaillé de chaque Cours, indiquant les matières à enseigner chaque trimestre, chaque mois, chaque semaine. Il est chargé d'en poursuivre la réalisation ; et pour cela, il visite les classes et les études, examine les compositions de chaque semaine, prend des notes sur les qualités ou les défauts du Professeur, sur les améliorations à introduire en telle classe, sur les avis à donner à tel élève, afin de diriger plus sûrement les études et d'en assurer le succès.

5. — Il doit remarquer si les Professeurs savent tirer bon parti des moyens d'émulation en usage dans la Congrégation.

6. — Il remplace dans sa classe un Professeur indisposé ou absent pour une cause urgente, si lui-même n'est pas Professeur chargé de classe.

7. — Il assiste aux examens trimestriels, afin que la comparaison d'une classe avec une autre lui dénonce la force des uns et la faiblesse des autres. Le programme de ces examens doit être conforme au programme des classes pour le trimestre correspondant.

8. — La préparation aux examens des divers diplômes est, de sa part, l'objet d'une attention particulière.

9. — Le programme des séances amusantes, scientifiques, littéraires ou académiques ne doit contenir aucun morceau qui n'ait été soumis à son approbation.

10. — Il compose la bibliothèque des élèves et surveille le bibliothécaire dans l'exercice de son emploi. C'est également lui qui propose au C. F. Directeur l'achat des livres nécessaires ou utiles aux

Maîtres dans la préparation de leurs classes, et qui dirige les lectures du réfectoire d'après une liste d'ouvrages approuvés par le C. F. Directeur.

11. — Il contrôle et approuve le sujet des devoirs de vacances à donner aux élèves.

V. — Règles du C. F. Maître de discipline.

1. — Le C. F. Maître de discipline est particulièrement, avec le C. F. Directeur, le gardien de la règle de la Maison.

Il veille surtout à la présence des élèves dans tous les lieux où la Règle les appelle : études, classes, récréations et promenades, réfectoire, chapelle, dortoir, etc. Il doit être prévenu par tout élève qui est autorisé à s'absenter d'un exercice. Il notifie ces absences aux Professeurs et surveillants intéressés.

2. — Il surveille l'étude principale et dirige tous les élèves dans les mouvements généraux.

3. — Il préside toutes les promenades. S'il y a plusieurs divisions, il est chargé des grands élèves.

4. — Il se trouve à toutes les récréations ; c'est à lui que sont demandées les permissions.

5. — Il surveille spécialement les environs des cabinets d'aisances et les endroits retirés. Il excite les jeux, dissipe les groupes qui lui paraissent suspects.

6. — Il n'autorise un élève à s'absenter de la récréation que pour se rendre au parloir, ou dans le cas d'indisposition, ou bien lorsqu'un accident l'oblige à changer de vêtement.

7. — Il veille au bon ordre et au silence dans les mouvements qui s'exécutent à l'entrée et à la sortie des classes, du réfectoire, de la chapelle, etc.

8. — Chaque matin il passe une revue de propreté afin de s'assurer que les élèves sont soigneux, et que leur tenue ne laisse rien à désirer.

9. — Pendant les repas, il circule entre les tables,

maintient l'ordre et le silence, et veille à l'observation des règles du savoir-vivre.

10. — Il visite l'infirmerie plusieurs fois par jour, afin qu'aucun désordre ne s'y introduise.

11. — Il fait le placement des élèves à l'étude, au réfectoire, à la chapelle et au principal dortoir dont il a la garde spéciale, observant que deux élèves dont la conduite laisse à désirer ne se trouvent jamais voisins. A l'étude il veille de plus à ce que deux écoliers de la même classe ne soient pas placés à côté l'un de l'autre.

12. — Le dernier samedi de chaque mois, il s'entend avec le C. F. Procureur et les C. F. Professeurs pour faire laver les pieds des pensionnaires.

13. — Il présente aux fonctions de réglementaire plusieurs candidats parmi lesquels le C. F. Directeur choisit celui qui lui paraît le plus régulier et le plus digne de cette importante fonction.

VI. — Règles du Surveillant des pensums.

1. — Les devoirs à réparer et les pensums qui n'ont pu être acquittés au moyen des récompenses hebdomadaires, sont exécutés dans un même salle, et sous la surveillance d'un même Maître, qui est chargé de maintenir une exacte discipline entre les élèves, et de vérifier le travail de ceux qui ont terminé leur tâche.

2. — Les élèves seront retenus pour l'exécution des pensums, le lundi, le mardi, le mercredi, le vendredi et le samedi, de midi trois quarts à la fin de la récréation qui suit le dîner. Aucun autre temps ne sera consacré à ce travail supplémentaire.

3. — Avant midi trois quarts, les élèves punis présentent à leur Professeur les satisfécits qu'ils offrent en échange de leurs punitions. S'ils ne sont pas entièrement libérés, le Professeur inscrit sur un billet

le nombre de lignes qui restent à faire, et il le remet au Surveillant des pensums.

4. — Quand l'heure est arrivée, le Surveillant se présente à la cour de récréation, et donne le signal de la rentrée. Puis il conduit les élèves punis en rangs et en silence à la salle de travail.

5. — Là, il place les élèves de manière à séparer ceux qui ne sont pas de la même division, surtout ceux qui se recherchent habituellement.

6. — Il exigera que le travail soit bien écrit et proprement exécuté. Il est de son devoir de faire recommencer une punition mal faite, puisqu'elle est plus nuisible qu'utile aux progrès de l'élève.

7. — Il tiendra une comptabilité exacte des punitions à faire et des pensums achevés.

8. — Lorsqu'un élève aura à son passif un nombre de lignes qu'il ne pourra terminer en trois récréations consécutives, le Surveillant avertira le C. F. Directeur.

VII. — Règles des C. F. Professeurs.

1. — Les C. F. Professeurs sont chargés de faire la classe, de veiller à l'éducation des élèves, et ils doivent concourir au maintien de la discipline générale de la Maison. En ce qui les concerne, ils sont responsables de cette triple fonction vis-à-vis du C. F. Directeur.

2. — La préparation de leur classe est l'objet de leurs soins les plus consciencieux. Ils réfléchissent non seulement à ce qu'ils doivent enseigner, mais à la manière de le faire, écartant les digressions et les détails qui nuiraient à la clarté de leur enseignement. Ils mesurent la quantité des devoirs et la longueur des leçons à la longueur de l'étude qui précède. Ils prévoient les occasions de placer un mot de piété, ou un précepte de politesse, de charité, afin que leur enseignement reste imprégné de cet esprit chrétien que l'on voudrait bannir des pro-

grammes, mais que l'on serait étonné de ne pas rencontrer dans le cœur et sur les lèvres d'un instituteur religieux.

3. — Ils se rendent très exactement à l'heure pour recevoir leurs élèves à la sortie de l'étude et les diriger vers la classe. Le retour à l'étude doit être l'objet de la même vigilance. Ils sont responsables du désordre qui pourrait résulter de leur absence.

4. — Après avoir récité l'*Ave Maria* avec les élèves, ils emploient consciencieusement le temps de la classe en récitations, corrections et explications, n'oubliant pas que toute perte de temps serait un dommage causé aux élèves et à leurs parents. Tous les devoirs seront corrigés, soit dans la classe, soit en dehors de la classe. Ils feront, autant que possible, réciter les leçons ; de manière que tous les élèves soient interrogés chaque jour. La classe se termine par le *Sub tuum*.

5. — Des religieux ne doivent jamais oublier que leur but principal n'est pas l'enseignement des sciences, des lettres et des arts ; mais que leur zèle doit les porter surtout à cultiver dans le cœur de leurs élèves les vertus chrétiennes. Ils sauront donc profiter de toutes les occasions que leur offre l'enseignement pour les porter au bien et obtenir d'eux chaque jour quelques efforts en vue de leur amendement.

6. — Pour obtenir de leurs élèves la dose de travail et d'efforts qu'ils ont le droit d'en exiger, ils sauront leur inspirer l'estime des moyens d'émulation en usage dans la Maison. A cet effet, ils en feront eux-mêmes le plus grand cas, se montrant plutôt parcimonieux que prodigues dans l'attribution des points et des récompenses, sans enfreindre toutefois les règles de la plus stricte impartialié.

7. — Ils veillent au maintien de la discipline pendant la classe, afin qu'en sortant les élèves ne portent pas leur dissipation au sein de la commu-

nauté, où elle nuirait à l'action du Maître de discipline, et provoquerait peut-être des punitions dont ils seraient en partie la cause.

8. — Ils exigent que les cahiers et les livres soient tenus avec ordre et propreté.

9. — Ils donnent chaque semaine une ou plusieurs compositions, de manière qu'il y en ait au moins une sur chaque matière à inscrire au bulletin trimestriel.

10. — Ils contrôlent exactement le carnet de demandes de fournitures classiques des élèves, avant de le remettre au C. F. Procureur, afin qu'il ne leur soit fourni rien d'inutile.

11. — Ils veillent avec une grande sollicitude sur les élèves *nouveaux* de leur classe pendant les deux premières semaines de leur séjour, les confiant en récréation à des élèves sûrs, aimables et polis. et écartant d'eux les enfants grossiers ou taquins. Ils les encourageront en classe, et chargeront un de leurs voisins de les avertir discrètement de ce qu'ils doivent faire.

12. — Les C. F. Professeurs sont tour à tour de *semaine*, pour aider au Maître de discipline à surveiller les rangs, les promenades, les récréations, la chapelle, et, s'il est nécessaire, le réfectoire. Dans tous les mouvements, le Professeur de semaine se place en tête des rangs et le Maître de discipline ferme la marche. Cependant si la communauté se rend à l'étude, les deux surveillants permutent, et le Président d'études marche le premier.

VIII. — Règles des Maîtres chargés des promenades.

1. — Dès que la cloche a sonné pour faire habiller les enfants avant les promenades, l'un des Présidents de chaque dortoir est tenu d'aider à la

surveillance et doit être arrivé à son poste avant les élèves. Il en est de même au retour de la promenade.

2. — Au même moment, les élèves rangés par ordre de dortoirs et conduits par le Maître de discipline et le Professeur de semaine, montent pour prendre les soins de propreté indispensables. Lorsqu'ils sont prêts, ils descendent, toujours en silence, et conduits par les mêmes Maîtres, à la cour où ils se forment par groupes de promenade. Chaque division est sous la responsabilité de deux Maîtres au moins : le Maître de discipline et un Professeur de semaine, parmi les grands ; les Présidents d'études et un autre Professeur de semaine pour chacune des autres divisions.

Les Maîtres qui ne sont pas de service, accompagnent la division où se trouvent leurs élèves, et peuvent en partager la surveillance, sans que la règle les y oblige. Dans tous les cas, ils ne peuvent pas plus que les Maîtres responsables, s'absenter de la promenade sans l'autorisation du C. F. Directeur ; et ils doivent être de retour en même temps que la communauté pour reprendre la surveillance dans les dortoirs.

3. — Les Présidents de promenade ne permettent jamais à un élève de quitter les rangs, pour quelque motif que ce soit, en traversant la ville.

4. — Pour ne pas gêner la circulation sur les trottoirs, les élèves seront disposés par groupes de deux ou de trois en traversant la ville et ils garderont le silence. On rompt les rangs et le silence est levé lorsqu'on est sorti des faubourgs, au signal donné par le Maître. Au retour les groupes se forment à l'entrée de la ville et le silence est rétabli.

5. — On évitera de prendre pour but de promenade l'intérieur ou le bord d'une forêt, d'un taillis,

où des élèves malintentionnés pourraient se réunir clandestinement.

6. — Les Présidents n'autoriseront qu'un seul élève à la fois à s'écarter de la communauté.

7. — Ils établiront des jeux auxquels tous les élèves puissent prendre part, et ils suivront en tout les règles de vigilance établies pour le temps de la récréation.

8. — On n'ira pas se baigner, et l'on ne fera aucune dépense pendant les promenades sans l'autorisation du C. F. Directeur.

9. — Pendant la récréation qui suit ordinairement les promenades d'hiver, les Professeurs de semaine et les Présidents de dortoirs sont chargés de la surveillance, afin de laisser aux Présidents d'études le temps de se préparer à l'étude qui suit.

Les Présidents de promenade *font connaître par écrit*, avant l'heure de midi, le but et l'itinéraire de chaque promenade.

IX. — Règles des Présidents d'étude.

1. — Les Présidents d'étude sont chargés de veiller à ce que le silence le plus absolu, le bon ordre et le travail règnent dans les salles d'étude.

2. — Ils ne s'absenteront jamais de la salle d'étude sans un motif très grave, et sans s'être fait remplacer.

3. — Ils seront toujours arrivés les premiers et sortiront les derniers. Ils ne s'entretiendront avec aucun élève, surtout au commencement et à la fin de l'étude, et ils auront soin qu'en ces mêmes moments il n'y ait pas de temps perdu.

4. — Ils veilleront particulièrement à ce que la tenue des élèves pendant la prière soit respectueuse ; et pour cela, ils attendront que les livres soient ser-

rés et que toute préoccupation ait cessé avant de la commencer.

Par un coup de signal, ils avertissent les élèves de fermer les bureaux et de commencer le travail.

5. — Ils ne parleront presque jamais à haute voix ; ils avertiront les élèves en particulier par des signes. S'ils ont un avis public indispensable à donner, ils le feront brièvement, sans jamais se permettre un mot de plaisanterie.

6. — Les Présidents d'étude descendront quelquefois de leur siège pour s'assurer du travail des écoliers dissipés ou peu laborieux, ou du genre de lectures que font certains élèves. Ils confisqueront tout livre qui ne serait pas revêtu du timbre de la Maison et feront leur rapport au C. F. Directeur.

7. — Sauf le cas d'indisposition, ils ne permettront de sortir pour les cabinets qu'à l'étude du matin. Il y aura une sortie générale au milieu des études qui dureraient plus de deux heures.

8. — C'est surtout en face d'un grand nombre d'élèves qu'un Maître doit se posséder, rester grave, simple et digne, sans jamais faire ostentation de son autorité. Les Présidents d'étude feront tous leurs efforts pour ne jamais s'abandonner à la colère ; ils se garderont bien de punir et même de menacer dans un moment d'irritation. C'est par une sage et ferme modération qu'ils commanderont le respect.

X. — Règles des Présidents de dortoir.

1. — Il y a dans chaque dortoir deux Maîtres responsables du bon ordre, pendant le temps du *grand silence*. Ils se feront un devoir de ne parler à personne au dortoir, afin d'inspirer à tous une gravité et un silence vraiment religieux.

2. — Pour le coucher, l'un des Présidents se

place au milieu des enfants au sortir de la prière du soir et surveille les rangs ; l'autre doit se trouver au dortoir avant l'arrivée des élèves.

3. — Ils veillent à ce que les élèves se couchent promptement et décemment. Sept minutes au plus, après l'entrée au dortoir, tout le monde doit être au lit.

4. — Si les cabinets d'aisances s'ouvrent sur le dortoir, la porte de celui-ci est fermée à clef jusqu'au lendemain ; sinon, la porte est bien éclairée, et l'un des Maîtres place son lit de manière à pouvoir surveiller la sortie.

5. — Les Surveillants se couchent lorsque le calme est entièrement établi, et que la plupart des élèves sont endormis. Ils se lèvent à l'heure marquée par la Règle ; et l'un d'eux, selon les prescriptions du C. F. Directeur, se rend à l'oraison avec la communauté des Frères ; puis il retourne au dortoir à l'heure du lever des élèves. Le Maître resté au dortoir donne le signal du lever en disant à haute voix : *Benedicamus Domino !*

6. — Les Présidents de dortoir veillent à ce que les élèves se lavent, se peignent et se brossent chaque matin. Ils examinent si les enfants, surtout les plus jeunes, sont suffisamment et convenablement vêtus, si leurs vêtements sont déchirés ou malpropres, afin de les obliger à en changer s'ils le jugent nécessaire, et à porter au raccommodage ceux qui sont détériorés. Ils notent ceux dont les cheveux ont besoin d'être coupés.

7. — Quand les élèves ont changé de linge, ils s'assurent que le linge sale, mis en paquet, est déposé sur le pied du lit, d'où il est enlevé après la sortie du dortoir.

8. — Les permissions ne sont demandées qu'à l'un des Présidents. S'il n'y a pas de cabinets attenant aux dortoirs, ceux de la cour suffisamment éclairés, seront surveillés par l'un des Maîtres pendant le

lever, afin qu'il ne se produise aucun désordre entre les élèves des différents dortoirs.

9. — A mesure que les enfants sont habillés, ils se placent debout au pied de leur lit. La cloche sonne un avertissement pour hâter les retardataires. Au second coup, l'un des Présidents se met à la tête des rangs et descend lentement: l'autre ferme la marche après s'être assuré qu'il ne reste personne au dortoir. Ils accompagnent les élèves jusqu'au lieu où se fait la prière.

10. — Les Présidents de dortoir ne permettent de rester au lit, qu'à ceux qui ont été indisposés pendant la nuit, ou qui leur paraissent réellement malades. Ils en avertissent immédiatement le C. F. Directeur et le C. F. Infirmier, surtout s'il restait deux élèves au dortoir.

11. — Les fautes du dortoir doivent être réprimées avec vigueur et promptitude ; elles sont toujours regardées comme graves. Au premier indice de désordre, le C. F. Directeur serait averti.

XI. — Règles du C. F. Infirmier.

1. — Aussitôt que le C. F. Infirmier est informé qu'un élève est indisposé, il monte au dortoir pour s'assurer du fait, et donner au malade les soins que réclame son état.

2. — Si deux malades sont restés dans le même dortoir après la descente des élèves, il fait en sorte qu'au moins l'un des deux soit transporté immédiatement à l'infirmerie. En cas d'impossibilité, il monte très souvent au dortoir, afin qu'aucun désordre ne se produise.

3. — Lorsque ses malades sont réunis à l'infirmerie, il récite ou fait réciter à haute voix la prière du matin. On dit également en commun la prière du soir.

4. — Il est de son devoir d'étudier si tous ceux qui séjournent à l'infirmerie sont réellement ma-

lades, et de prévenir le C. F. Directeur, lorsqu'il rencontre un élève que la paresse ou une amitié particulière retient en dehors de la communauté.

5. — A l'égard des vrais malades, sa douceur et son dévouement doivent être ceux d'une mère. Il veillera donc à ce qu'ils soient bien couchés, proprement entretenus, suffisamment aérés et chauffés. Il mettra, pendant le jour, des fleurs et de la verdure sous leurs yeux, leur procurera des gravures innocentes pour les distraire ou des jeux qui ne fatiguent pas l'esprit. Enfin, il s'appliquera par des paroles aimables et édifiantes, à dissiper l'ennui que pourrait amener leur état de souffrance et d'inactivité.

6. — Il tiendra un registre-journal où seront inscrites toutes les ordonnances du médecin, afin de pouvoir y recourir au besoin.

7. — Les remèdes et produits de pharmacie, placés hors de la portée des enfants, seront soigneusement étiquetés par crainte d'erreur ; et jamais il n'en administrera sans examiner à plusieurs reprises la nature et la dose du médicament.

8. — Il veillera à faire exécuter le règlement de l'Infirmerie par les visiteurs aussi bien que par les élèves qui ne sont indisposés que légèrement. Si quelque malade était atteint d'une maladie contagieuse ou épidémique, il serait séparé des autres malades, et le C. F. Directeur, averti, interdirait toute visite à la seconde infirmerie.

9. — Ceux des élèves qui auraient besoin d'aller régulièrement à l'infirmerie pour quelques instants, s'y rendent aux moments concertés entre le Maître de discipline et le C. F. Infirmier.

XII. — Règles du C. F. Linger.

1. — Le jour de la rentrée, le C. F. Linger reçoit les malles à la lingerie, les fait ouvrir et veille à ce qu'elles portent le nom du possesseur. S'il a le temps

le jour même de compter les articles du trousseau et de s'assurer qu'ils sont numérotés, il le fait, et il en porte le résultat sur une note qui est remise aux parents. Si le temps lui fait défaut, il opère ces vérifications le lendemain et les jours suivants. Il peut être aidé dans ce travail par un autre Frère qui inscrit les objets à mesure qu'il les compte.

2. — Le linge de chaque élève est proprement arrangé dans l'une des cases de la lingerie, d'où il est tiré pour être distribué le samedi.

3. — Le linge salé est enlevé des dortoirs le dimanche matin et déposé dans un grenier fermé, où il est compté soigneusement avant d'être remis à la blanchisseuse. La note du linge envoyé à la lessive est chaque fois remise au C. F. Procureur.

4. — Au retour du linge, le C. F. Linger vérifie le nombre des articles rendus, la propreté des objets, la manière dont ils sont raccommodés et repassés, puis il donne par écrit ses observations au C. F. Procureur.

5. — Tous les jours, après la rentrée de huit heures, le C. F. Linger ouvre la boîte où les élèves qui ont besoin de linge déposent leurs demandes. Il se rend à la récréation de dix heures pour leur remettre ce qui est d'un besoin pressant ; dans le cas contraire, il dépose sur leur lit les effets réclamés.

6. — Dans la semaine qui précède la sortie, il a soin que tout le linge, sauf celui dont les élèves ont besoin en ce moment, soit proprement blanchi et rentré dans les cases. Il vérifie le trousseau au moyen de la liste faite à la rentrée ; puis il place le linge propre dans les malles. Le jour de la sortie, le linge sale de chaque élève, réuni en un paquet, est déposé sur sa malle, d'où les parents peuvent le faire enlever en sa présence.

XIII. — Règles du Concierge.

1. — Le Concierge introduit les visiteurs au *Parloir*, leur offre un siège et va prévenir le C. F. Directeur. Sur l'ordre qu'il en reçoit, il avertit l'élève demandé.

2. — Il doit reconnaître les personnes suspectes qui lui ont été signalées, et leur déclarer nettement, sans les introduire, que l'élève n'est pas visible.

3. — Il mène directement au salon les personnages marquants qui désirent parler au C. F. Directeur ou à l'un des Maîtres.

4. — Il ne laisse pas pénétrer les pauvres dans la Maison lorsqu'il leur distribue les aumônes ou les restes des repas.

5. — Il veille à ce que jamais un pensionnaire ne sorte seul de la Maison. L'élève qui a obtenu un billet de sortie, doit le lui montrer au retour comme au départ.

6. — Le soir, ou le matin avant le jour, il n'ouvre la porte qu'après avoir reconnu ceux qui veulent sortir, et il ne laisse avancer ceux qui entrent qu'après leur avoir demandé ce qu'ils désirent.

7. — Si les lettres lui sont remises par le facteur, il les porte immédiatement au C. F. Directeur, et se garde bien d'avertir qui que ce soit qu'une lettre lui est adressée.

1. — Il *n'admettra dans sa loge ni Maîtres, ni élèves venus pour causer*, voir les entrants et les sortants, surtout pendant les récréations et les promenades.

9. — Sauf pour une commission de très courte durée, il ne s'absente jamais de sa loge sans s'être fait remplacer par un confrère ou un domestique de confiance désigné par le C. F. Directeur.

10. — Il tient la porte ouverte au moment de la rentrée des externes, puis il la ferme et ne l'ouvre qu'à la suite d'un avertissement de la sonnette.

11. — Ses qualités principales doivent être: une grande diligence à ouvrir, beaucoup d'affabilité pour recevoir, et de la discrétion vis-à-vis des étrangers.

CHAP. III. — DES INSTITUTIONS PROPRES A ENTRETENIR LA VIE DANS UNE MAISON D'ÉDUCATION.

I. — Des Conseils.

Nos pensionnats possèdent deux Conseils : Le Conseil composé du C. F. Directeur, et de trois Consulteurs nommés par le T. H. F. Supérieur-Général, et le Conseil des Maîtres.

1°. **Conseil des Consulteurs.** — Il se réunit régulièrement tous les quinze jours, et extraordinairement pour un cas urgent, sous la présidence du C. F. Directeur, et s'occupe surtout des intérêts matériels et moraux de la Maison : le renvoi d'un élève, l'urgence d'une modification de programmes, la réforme d'un abus qui tend à se glisser parmi les Maîtres, parmi les élèves ou les domestiques, le projet d'un programme de séance publique, et toutes les affaires urgentes où il est de l'intérêt de la Maison de fournir au C. F. Directeur une plus grande somme de lumières avant de prendre une décision.

Chacun des Consulteurs *doit faire à la fin de chaque trimestre un rapport au T. H. F. Supérieur-Général sur ces trois points:* l'observation des règles et des règlements d'élèves, la marche des études et la situation matérielle de leur Maison.

2° **Conseil des Maîtres.** — Chaque semaine, le C. F. Directeur réunit en Conseil tous les membres du personnel dirigeant, pour prendre leur avis sur les observations recueillies par chacun des Maîtres relativement à la religion, à la discipline aux études, à la procure, aux soins matériels, à l'interprétation des articles du règlement, etc. Ces observations, notées sur un carnet à mesure qu'elles se présentent, par les C. F. Professeurs et surveillants, sont remises par écrit au C. F. Directeur, plusieurs jours avant la réunion du Conseil, afin qu'il puisse les étudier à loisir et écarter celles qui ne doivent pas être l'objet d'une délibération publique.

C'est à cette même réunion que l'on examine les motifs pour lesquels les satisfécits sont refusés aux élèves.

Après la récitation du *Veni, Sancte Spiritus*, le secrétaire lit le compte-rendu de la séance précédente et des résolutions qui y ont été prises ; puis le C. F. Directeur donne successivement la parole à ceux qui ont à présenter des observations ; les autres Maîtres peuvent les discuter charitablement ; et lorsque la discussion est épuisée, le C. F. Directeur formule la conclusion ou la résolution, qui est notée par le secrétaire.

La réunion se termine par la récitation du *Sub tuum*.

Dans ces Conseils, il est du devoir des Maîtres de signaler les élèves qui ont besoin d'être surveillés plus attentivement, et le lieu où ils s'oublient le plus souvent. Ceux qui seraient portés aux amitiés particulières y seront recommandés à la vigilance de tous.

Si les Maîtres ont à se faire mutuellement quelques observations relatives à l'exercice de leur emploi, ils les feront avec la charité et les égards dont on ne doit jamais se départir quand on n'a en vue que la gloire de Dieu. Loin de se froisser et de répondre avec aigreur, le Professeur ou le Surveillant qui a reçu cet avis fraternel en remerciera cordialement son confrère et saura, à l'occasion, lui rendre le même service, avec la même bienveillance, en vue du bien et dans l'esprit de la plus sincère charité. Au reste, le C. F. Directeur retirerait la parole à celui

qui manquerait aux bienséances à l'égard d'un confrère.

Un Maître qui aurait à faire à un autre des observations d'une nature délicate, se gardera bien de les
faire en public. Si même il a des motifs de croire
qu'elles seraient mal reçues de lui, il en parlera au
C. F. Directeur, qui, avec les ménagements voulus, a
le droit de tout dire, puisqu'il assume toutes les res-
ponsabilités.

Un Maître, un jeune Maître surtout, doit aller au-
devant des conseils. La présomption, qui ne sied à
personne, est particulièrement insupportable dans un
débutant.

Dans le dernier Conseil de chaque trimestre, les
Maîtres concerteront entre eux les notes à envoyer
aux parents, afin que la rédaction en soit précise,
exacte, qu'elle aille au but sans le dépasser, et
qu'elle ne présente rien de contradictoire avec les
renseignements que les parents ont obtenus verba-
lement du C. F. Directeur ou des Professeurs.

Le secret le plus absolu doit être gardé par tous
les membres du Conseil. Un Maître qui s'oublierait
jusqu'à révéler aux enfants ou à d'autres personnes
ce qui a été dit à ces réunions, se rendrait indigne
d'en faire partie. Si quelque décision doit être com-
muniquée aux élèves, le C. F. Directeur est seul
chargé de ce soin.

II. — Des Notes.

Chaque semaine, le C. F. Directeur et tous les
Maîtres se rendent à la grande salle d'études (*ou
dans une autre salle pouvant contenir la communauté*) pour y entendre la lecture des notes de
conduite, de travail, et les compositions des élèves
de toutes les classes.

Des observations courtes et précises, rédigées par
le Professeur, et adoptées ou modifiées en Conseil,

sont quelquefois ajoutées à la note de travail ou de conduite. Elles peuvent être commentées par le C. F. Directeur, qui blâme ou encourage en quelques mots bien sentis.

Les notes de conduite et de travail sont lues par le C. F. Sous-Directeur, et les places obtenues dans les compositions, par les Professeurs.

C'est surtout dans le résumé mensuel, et lorsqu'on nomme les élèves qui ont mérité le billet de sortie et l'inscription au tableau d'honneur, que le C. F. Directeur intervient pour décerner le blâme ou la louange.

Les notes hebdomadaires ou mensuelles produisent un grand effet sur les élèves lorsqu'elles sont faites et préparées avec le sérieux convenable. Mais on comprend que si les Maîtres ne s'efforçaient d'être exacts dans leurs résumés, justes et modérés dans leurs appréciations, elles feraient plus de mal que de bien.

III. — Récompenses.

1° — Récompenses hebdomadaires. — Les récompenses hebdomadaires de la conduite sont les *Satisfécits* et la *Mention honorable*.

a. — Quand la conduite d'un élève a été satisfaisante à l'*étude*, en *classe*, au *réfectoire*, et que cet élève ne s'est pas fait noter pour infraction à la *discipline* ou à la *politesse*, il a mérité cinq satisfécits. lesquels sont indiqués au bulletin hebdomadaire qui lui est délivré.

Si l'élève a obtenu les cinq privilèges de la semaine, le bulletin hebdomadaire est une Mention honorable de conduite.

b. — Après la récitation de chaque leçon ou la correction de chaque devoir, le Maître inscrit une note ou chiffre indiquant la valeur de la leçon ou du devoir. Le total de la semaine peut au maximum atteindre 100 points. L'élève qui a obtenu 45 points mérite le satisfécit de travail ; celui qui en a obtenu 60 a droit au privilège ; enfin celui qui a atteint le chiffre 75 points est récompensé par la Mention honorable de travail. Ces différents degrés de travail ou de succès sont inscrits au bulletin hebdomadaire.

Les différentes récompenses de la conduite ou du travail servent à exempter l'élève d'un certain nombre de pensums. Chaque satisfécit de conduite équivaut à 20 lignes (*ou moins, selon les Maisons*) et la Mention honorable qui les renferme tous, vaut 100 lignes. Le satisfécit de travail rachète 25 lignes, le privilège 50 et la Mention honorable 100 lignes.

Parmi les cinq satisfécits de conduite, celui de politesse exige une mention spéciale, à cause de son influence pour l'obtention de la sortie de faveur. Pour l'obtenir, il faut s'appliquer à la pratique des règles de la bienséance, et observer spécialement les points suivants :

Prendre de l'eau bénite et se signer dévotement en entrant à la chapelle. Marcher posément. Génuflexion respectueuse. Tenue convenable. Ne pas rire, causer, regarder de tous côtés à la chapelle. Bonne tenue toutes les fois qu'on prie. Répondre aux prières à voix modérée et sans précipitation. Ne pas jurer, blasphémer, dire des paroles grossières.

Frapper à la porte avant d'entrer chez les Maîtres, puis les saluer poliment. Les saluer chaque fois qu'on les rencontre ; — leur obéir ; — ne pas murmurer, répliquer, ni parler d'eux en mauvaise part. Ne leur présenter que des cahiers propres, des devoirs bien écrits. Se tenir debout quand ils interrogent. Ne pas tousser ou se moucher bruyamment quand ils parlent. Ne pas froisser de dépit une récompense inférieure à celle que l'on attendait.

Éviter les querelles, les injures, les paroles malhonnêtes ou à double sens, les taquineries, les grimaces, les sifflements, les gestes insultants ou moqueurs, les tromperies au jeu, le patois, les mensonges, les rapports et tout ce qui fait de la peine aux condisciples. Leur céder par complaisance toutes les fois qu'il n'y a pas d'inconvénient. Etre officieux et prévoyant à table ou en récréation. Aimer à rendre service. Ne pas gêner ses voisins à l'étude ou en classe. Y entrer, en sortir sans bruit et sans frapper les portes. Etre charitable pour les nouveaux.

Saluer les étrangers qui visitent la Maison et les personnes honorables que l'on rencontre en promenade. Etre proprement vêtu avant de se présenter au parloir.

Observer les règles de la décence au moment du lever et du coucher. Ne pas tenir les mains dans les poches du pantalon. Ne se permettre aucune familiarité messéante sur soi ou sur d'autres. Ne rien écrire ou dessiner sur les meubles et les murailles. Ne pas les dégrader. Ne pas cracher à terre à l'intérieur de la maison. Ne jeter ni encre, ni papier sur le parquet. Ne pas être trouvé malpropre à la revue. Maintenir son pupitre bien en ordre. Ne pas gâter ses livres, déchirer ses cahiers, etc.

2°. **Récompenses mensuelles.** — Les récompenses mensuelles sont la sortie de faveur et l'inscription au tableau d'honneur.

a) — Pour avoir droit à la sortie de faveur, l'élève doit avoir gagné dans le même mois de quatre semaines :

300	points en travail et	14	satisfécits de conduite, dont	4	pour la politesse.
ou 280	—	15	—	4	—
« 260	—	16	—	4	—
« 240	—	17	—	4	—
« 220	—	18	—	4	—
« 200	—	19	—	4	—

Le billet de sortie n'est délivré qu'à la demande des parents.

b) — L'élève qui a obtenu au moins 320 points et

18 satisfécits de conduite dans un mois de quatre se maines, est inscrit pour le mois suivant au tableau d'honneur. C'est la récompense des élèves d'élite.

Une faute grave annule le droit à la sortie de faveur et à l'inscription au tableau d'honneur.

3°. Récompenses annuelles. — Tous les mois, on fait dans les différents cours une composition, sur chacune des matières qui sont enseignées au moins trois fois la semaine. On ne fait que deux compositions par trimestre pour celles où l'on ne consacre que deux classes par semaine, et une seulement pour les autres. — Le résultat de toutes ces compositions est inscrit sur le bulletin trimestriel qui est adressé aux parents.

Ces compositions servent à faire connaître les élèves qui ont mérité les prix dans chacune des branches de l'enseignement.

Les *Prix d'Honneur* sont attribués aux élèves de chaque cours qui ont été inscrits le plus grand nombre de fois au tableau d'honneur.

Les *Prix d'Excellence* se déterminent en additionnant les points obtenus dans toutes les compositions, depuis le commencement jusqu'à la fin de l'année scolaire. C'est la récompense du succès.

Les Prix de *Bonne Conduite*, dans les Maisons où ils se donnent, se trouvent en additionnant les satisfécits de toute l'année.

De même, le total de tous les points de l'année détermine les Prix de *Diligence*.

Les Prix de *Bonne Conduite* et de *Diligence* ne se donnent pas dans toutes les Maisons, parce que, faisant double emploi avec les Prix d'Honneur, ils sont assez souvent obtenus par les mêmes élèves.

Ces quatre grands Prix ne peuvent être gagnés que par les élèves qui sont entrés dès le commencement de l'année scolaire. Afin de ne pas décourager ceux qui sont entrés plus tard, on fait compter seulement les compositions de Pâques à la fin de l'année, pour déterminer les autres Prix. Comme pour le Prix d'Excellence, on additionne les points obtenus dans les compositions de chaque faculté.

La justice exigeant qu'il soit attribué un plus grand nombre de prix aux classes les plus nombreuses, voici les règles à suivre pour déterminer le nombre des prix de chaque classe.

Dans les cours composés de plus de 25 élèves, il y a trois Prix pour chaque faculté.

Dans ceux qui sont composés de 20 à 25 élèves inclusivement, on donne trois Prix pour l'Excellence l'Instruction religieuse, le Français, l'Arithmétique et la Géométrie, et deux prix pour toutes les autres branches de l'enseignement.

Si les classes sont de 15 à 20 élèves inclusivement, on attribue deux prix à chaque faculté.

Si elles renferment de 10 à 15 élèves, on réserve deux Prix pour l'Excellence, le Français, l'Arithmétique et la Géométrie, et un Prix pour les autres matières.

Quand le nombre des élèves est inférieur à 10, il n'y a qu'un prix pour chaque faculté.

Il est attribué un accessit par cinq élèves. Celui qui a obtenu six accessits, obtient un Prix dit *Prix d'Accessits.*

IV. — Punitions.

Certains Maîtres abusent du droit de punir inhérent à leurs fonctions, alors qu'ils pourraient prévenir une multitude de fautes par une vigilance plus attentive, ou par des observations charitables faites à temps ; mais il en est d'autres qui punissent rarement, tout en faisant observer autour d'eux une exacte discipline. Les Frères, imitant ces derniers, useront avec la plus sage modération de ce droit de punir ; ils y renonceront même toutes les fois qu'il y

a lieu de penser que l'élève ne profitera pas de la
punition, à moins que le scandale n'exige une réparation.

*Les corrections manuelles, les coups, les brutalités
quelles qu'elles soient, sont absolument interdites
dans nos Maisons.* Le pain sec, les punitions qui
consistent à priver un enfant d'une partie de son repas sont mal vues des parents. La mise à genoux
n'est pas tolérée par les autorités académiques.

Les punitions ordinaires sont la perte d'un satisfécit, les pensums non réservés, qui peuvent être
rachetés ; les pensums réservés très courts, mais
parfaitement écrits et rigoureusement exigés ; le piquet d'une demi-heure au plus pendant les récréations de l'été, ou la promenade solitaire pendant les
récréations de l'hiver.

Sont considérées comme plus graves, et conséquemment doivent être plus rares : la retenue générale de toute une classe, la réprimande suivie de
réparation publique, la suspension d'une charge, la
menace d'une punition extraordinaire.

Sont réservées au C. F. Directeur : l'exclusion de
l'Académie ou de la Congrégation, la suspension d'un
dignitaire ou d'un officier nommé par le C. F. Directeur, la menace de l'expulsion, la table de pénitence
au réfectoire, considérée comme dernier avertissement avant le renvoi, enfin l'expulsion.

V. — Des Officiers.

Les offices qui peuvent être confiés à des élèves
dans nos Maisons, sont ceux de Réglementaire, de
Questeur, de Bibliothécaire, de Conservateur des
jeux, de Chef de table et de Lecteur.

Les Maîtres sont tenus de ne rien dire devant les
élèves qui puisse nuire au prestige que ces fonctions
doivent garder à leurs yeux. Si quelque officier rem-

plit mal son emploi, c'est devant le Conseil des Maîtres qu'on en parlera, jamais devant les élèves.

A moins qu'ils n'aient commis une faute marquante, le Réglementaire, le Questeur et le Conservateur des jeux restent en fonctions pendant trois mois, les Chefs de table pendant un mois, et le Lecteur pendant huit jours. Ils peuvent être réélus, lorsqu'ils ont rempli leurs fonctions à la satisfaction des Supérieurs.

Le Réglementaire et le Questeur sont nommés par le C. F. Directeur, de concert avec le C. F. Maître de discipline ; le Bibliothécaire, de concert avec le Directeur des Etudes. Ces trois fonctionnaires sont choisis parmi les meilleurs élèves des Cours supérieurs. Les autres sont nommés directement par le Maître de discipline. Ils sont choisis parmi les bons élèves de tous les Cours.

A son entrée en fonctions, chaque officier reçoit un exemplaire écrit du règlement de sa charge.

Les officiers suivent le règlement commun en tout ce qui n'est pas incompatible avec l'exercice régulier de leurs fonctions.

1°. Réglementaire. — Le Réglementaire se souviendra qu'étant l'un des premiers officiers, il doit donner à tous l'exemple de la régularité, de la piété et du travail, et il emploiera l'influence que lui donnent ses fonctions à porter au bien ceux de ses condisciples qui lui paraîtraient s'écarter de leur devoir.

Il aura soin de régler sa montre sur l'horloge de la maison. Il sortira de manière à se trouver sous la cloche à l'heure, et il ne se permettra jamais d'allonger ou de raccourcir un exercice.

Il n'est pas chargé du réveil; mais il tinte un premier coup pour se mettre en rang à la fin du lever, et sonne une volée lorsqu'il est l'heure de descendre du dortoir.

La fin de l'étude et celle de la classe sont annoncées par une seule volée.

La sortie de la chapelle et le retour de la promenade par un tintement prolongé.

La fin de la récréation est annoncée trois minutes avant l'heure par un tintement prolongé. Aussitôt les jeux cessent, les parties se règlent et l'on prend ses dernières précautions. Un deuxième tintement plus court impose le silence et commande la formation des rangs. On se met en marche, quand la cloche sonne en volée.

L'Angelus se sonne selon l'usage du pays.

2° — **Questeur.** — Le Questeur est un officier chargé de recueillir tous les objets : livres, cahiers, linge, vêtements, etc., oubliés où ils ne doivent pas être, dans tous les lieux que vient de quitter la communauté.

Chaque fois donc, que les élèves ont quitté le dortoir, l'étude, les classes, la chapelle ou la cour de récréation, le Questeur fait sa ronde pour ramasser les objets oubliés ou perdus.

Ces objets sont déposés dans une armoire nommée *questure*.

Si les objets recueillis portent le nom de l'élève, le Questeur, qui possède la liste des pensionnaires avec leur numéro, avertit le propriétaire à la première récréation, et il lui rend ce qui lui appartient contre une amende de cinq centimes par objet ou paquet égaré.

Les objets qui ne portent ni nom, ni numéro, sont rendus à celui qui en justifie la propriété, contre une amende double.

Les objets non réclamés, mais dont le propriétaire est connu, lui sont rendus à la fin du mois contre une double amende imposée d'office.

Quant à ceux dont on ne peut connaître le propriétaire, ils sont vendus au profit de la caisse de questure.

Il sera tenu compte des cas d'absence ou de maladie, qui mettent dans l'impossibilité de réclamer les objets perdus.

Si le Questeur en vertu de ses droits, se trouve en possession d'un objet précieux : montre, porte-monnaie, etc., il ne le rend que contre une amende plus forte, fixée par le Maître de discipline.

Le C. F. Directeur détermine l'usage auquel, sont consacrés les fonds de la questure, comme entretien des jeux, soulagement des pauvres, etc.

La questure étant une charge toute de confiance, il est recommandé au Questeur : 1° de n'user de ses droits que lorsqu'il est évident que les objets sont perdus, oubliés ou placés où ils ne doivent pas être ; 2° de n'avoir de préférence pour personne, et de traiter tous les délinquants avec une égale impartialité.

Il rend compte de sa gestion tous les mois au C. F. Directeur.

3° — **Bibliothécaire**. — Cet officier, placé sous la dépendance immédiate du Directeur des Etudes, est chargé de l'organisation et de la bonne tenue de la bibliothèque des élèves et de la distribution des livres à ceux qui en font la demande.

Il veille à ce que tous les livres de la bibliothèque soient marqués du timbre de la maison, et il timbre lui-même les livres nouveaux, avant de les placer dans les rayons.

Il tient un registre où tous les ouvrages de la bibliothèque, d'abord classés par ordre des matières, sont inscrits dans chacune d'elles par ordre alphabétique : c'est le répertoire.

Sur un autre registre, il inscrit, dans des colonnes différentes, le titre des ouvrages empruntés, le nom de l'emprunteur, le jour de sortie de l'ouvrage, et le jour de sa rentrée.

On ne se rend à la bibliothèque que le jeudi et le

dimanche, pendant la récréation de dix heures : le jeudi pour tels cours (le C. F. Directeur désignera les classes) et le dimanche pour les autres cours. Le Directeur des Etudes se présente à la porte de la cour où se rassemblent immédiatement et en rangs ceux qui ont quelque ouvrage à échanger ou à emprunter. On se rend en silence à la salle de la bibliothèque où le Maître des Etudes surveille les élèves pendant que le Bibliothécaire tient son registre. Après avoir fait régulariser la rentrée des livres qu'ils rapportent, les élèves en choisissent un autre qu'ils montrent au Directeur des Etudes ; puis ils le font inscrire.

On parle à voix basse à la bibliothèque, et l'on revient en rangs comme on est venu.

L'abonnement annuel est de trois francs ; l'abonnement trimestriel de 1 fr. 25. Si l'on ne s'abonne pas, on paie 0 fr. 15 par volume in-12 emprunté à la bibliothèque, et 0 fr. 20 par volume in-8.

Le Bibliothécaire enlève de sa propre autorité tout livre non couvert et tout livre trouvé entre les mains d'un élève auquel il n'a pas été confié. Dans le premier cas, le délinquant est puni d'une amende de cinq centimes ; dans le second, le prêteur et l'emprunteur sont passibles chacun d'une amende de cinq centimes. Si le livre a été emprunté sans le consentement de celui qui l'a reçu de la bibliothèque, le coupable seul porte le poids de la double amende.

4°. — **Conservateur des jeux.** — Ce fonctionnaire est chargé de distribuer les jeux au commencement de chaque récréation, et de les rentrer à la fin.

Il remplira son office avec impartialité, et sans favoriser les uns plutôt que les autres.

Il remarque ceux à qui il confie les jeux, et lorsqu'on les lui rend, il examine s'il n'y a rien de détérioré ou de perdu. S'il constate un dommage, il en avertit le Maître de discipline qui punirait le coupable si le dommage était volontaire ou commis dans un accès de vivacité.

5° — **Chefs de table.** — Les chefs de table sont des élèves choisis pour maintenir sans bruit, l'ordre parmi les condisciples qui participent au même plat, et pour leur donner l'exemple de la régularité et de l'observation des ... nséances au réfectoire.

Il découpe, distri... ou fait passer à chacun ce qui lui est nécessaire. S'il manque quelque chose, il le fait savoir au Président de réfectoire.

Pour qu'il n'ait point à souffrir de sa propre réserve, l'ordre de service demande que chacun soit servi tour à tour le premier.

Il avertit le Président de réfectoire, lorsqu'une indisposition empêche un élève de prendre sa nourriture.

Il exige que tous prennent de chaque plat, si peu que ce soit, afin d'habituer les enfants délicats à s'accommoder de toutes sortes de mets.

Si quelque élève, par indélicatesse ou grossièreté. cherchait à dégoûter ses voisins, le chef de plat ne manquerait pas d'en avertir le Président de réfectoire. Il en agirait de même à l'égard de ceux qui troubleraient l'ordre et le discipline.

6° — **Lecteur.** — Le lecteur est nommé chaque dimanche par le Maître de discipline.

Pour se faire entendre de tous les élèves, il lit à haute voix, articule et prononce lentement mais nettement toutes les syllabes, et il évite les défauts d'accent qui lui ont été signalés par ses Professeurs.

Il remarque avec soin, à la fin du repas, le passage où il en est resté, afin de faire, au commencement du repas suivant la liaison nécessaire pour rappeler la suite du sujet.

Quand un volume touche à sa fin, il en avertit le Président de réfectoire, qui prend les mesures nécessaires pour le remplacer à temps.

HORAIRE

Jours ordinaires.

ÉLÈVES	FRÈRES
5ʰ 1/2 — Lever, prière, lecture.	4ʰ 1/2 — Lever, prière, méditation.
6 1/4 — Etude.	
7 1/2 — Déjeuner, récréation.	7 — Sainte Messe.
7 50′ — Avertissement, rentrée.	
8 — Classe.	
10 — Récréation.	
10 1/4 — Classe.	
12 — Dîner, récréation.	11 3/4 — Petites heures, examen.
1 1/4 — Etude.	Chapelet en particulier.
2 1/4 — Classe.	
4 1/4 — Goûter, récréation.	
4 3/4 — Lecture spirituelle.	4 3/4 — Visite, office (5ʰ le Jeudi).
5 1/4 — Etude.	
7 20′ — Prière.	7 — Prière, lecture.
7 1/2 — Souper, coucher.	

OBSERVATIONS. — Il n'y a pas de lecture spirituelle pour les élèves, les jours de confession. Du 1ᵉʳ Mai à la sortie, le souper est suivi d'une récréation, qui varie avec la longueur des jours.

Les chers Frères Directeurs fixeront le moment des exercices spirituels pour les Frères occupés près des élèves aux heures ci-dessus désignées. Il est désirable qu'il y ait le moins d'absents possible.

Jeudi.

5^h1/2 — Lever, prière, lecture.
6 1/4 — Etude.
7 — Sainte Messe.
7 1/2 — Déjeûner, ré- création.
8 1/4 — Classe.
10 — Récréation.
10 1/2 — Classe.
12 — Dîner, récréa- tion.

1^h1/4 — Préparation à la promenade.
1 1/2 — Promenade.
4 1/2 — Goûter, récréa- tion.
5 — Classe de civi- lité, puis étu- de libre.
6 50′ — Prière du soir.
7 — Souper.

En été, on rentre à l'étude à 1^h1/4, pour la civilité et l'étude libre. A 3^h1/2, goûter et promenade. A 6^h50′, prière et souper.

Dimanche.

5^h1/2 — Lever, prière, lecture.
6 1/4 — Etude.
7 — Sainte Commu- nion.
7 1/2 — Déjeûner, ré- création.
8 1/4 — Sainte Messe.
9 1/4 — Récréation.
10 1/4 — Dessin ou Classe.

12 — Dîner, récréa- tion.
1 1/2 — Vêpres et pro- menade.
4 1/2 — Goûter et ré- création.
5 — Etude libre.
6 1/2 — Salut, prière.
7 — Souper.

En été, les Vêpres sont suivies du Salut, puis étude libre. A 3^h1/2, goûter et promenade. A 6^h50′, prière et souper.

DEUXIÈME PARTIE
RÈGLEMENT DES ÉLÈVES

CHAP. I. — DEVOIRS DES ÉLÈVES.

I. — Devoirs envers Dieu.

Les premières obligations de l'homme se rapportent à Dieu, son père, son créateur et son maître. Les élèves apporteront donc un soin particulier à s'acquitter avec piété de leurs devoirs de religion. Les exercices pieux qu'ils pratiquent au Pensionnat sont : les prières du matin et du soir, la lecture du matin, l'assistance à la Sainte-Messe, les prières avant et après les repas, les études et les classes, la dizaine de chapelet, la lecture du soir, la confession, et la communion et la retraite annuelle.

1º La prière du matin, qui se fait à genoux, doit être considérée comme un hommage respectueux offert à notre Maître, un salut du cœur adressé à notre Père et un acte de reconnaissance envers notre Créateur. Pénétrés de leurs obligations à ce triple point de vue, les élèves réciteront ces prières avec une vive foi, ne se contentant pas d'articuler des paroles, mais pénétrant leur cœur des sentiments qu'elles expriment. Ils éviteront donc de tourner la tête et de jeter les yeux de tous côtés ; ils prendront un ton de voix respectueux et répondront sans précipitation aux prières qui se font en commun.

Dans la prière du soir, ils renouvellent les mêmes actes en se conformant aux mêmes prescriptions.

2º L'exercice qui suit la prière du matin est une lecture pieuse faite lentement par le C. F. Directeur. Cette sorte de méditation, qui dure seulement dix minutes, est écoutée avec attention et recueillement ; chacun des élèves fait à son âme l'application des vérités exposées et prend la résolution qui lui est suggérée. — Les élèves sont assis.

3° Les élèves assistent à la Sainte-Messe le jeudi et le dimanche. Pendant la messe basse du jeudi, ils prient à l'aide d'un paroissien, ou bien ils chantent des cantiques. A la messe du dimanche, tous chantent autant que possible, avec une modération religieuse et en suivant le mouvement indiqué par le chef de chœur. Ceux qui ne sauraient pas suffisamment lire réciteraient le chapelet.

Ils assistent avec la même dévotion aux Vêpres et au Salut du T. S. Sacrement, le dimanche et à certains jours de fête.

4° Ils n'oublieront pas que l'église est le lieu le plus saint de la terre, et qu'ils doivent s'y comporter avec tout le respect dont ils sont capables. En conséquence, ils se signeront pieusement avec l'eau bénite en entrant et en sortant, feront gravement la génuflexion, se rendront à leur place sans précipitation, s'y tiendront sans nonchalance, éviteront de s'accouder lourdement lorsqu'ils sont à genoux, de croiser les jambes ou d'appuyer le livre sur les genoux lorsqu'ils sont assis, de cracher sur le pavé, de regarder curieusement de tous côtés, de se dissiper et de causer à leurs voisins.

5° Les prières qui précèdent et terminent les repas, les études et les classes doivent être d'autant plus ferventes qu'elles sont plus courtes. Les élèves ayant les bras croisés ne s'occuperont ni de leurs livres, ni de leurs cahiers, ou de ce qui est servi sur les tables ; mais ils elèveront leur esprit vers Dieu pendant les quelques secondes que durent ces prières.

6° Tous les soirs, le C. F. Directeur ou le C. F. Sous-Directeur font pendant vingt minutes une exhortation ou une lecture édifiante aux élèves. Tous alors ont les bras croisés et écoutent attentivement les avis qui leur sont donnés ou les récits qui leur sont faits. Cette lecture est quelquefois remplacée par celle du règlement de la Maison, expliqué par le C. F. Directeur.

7° La Confession est prescrite une fois le mois, même pendant les vacances ; mais les élèves pieux s'approchent plus souvent des Sacrements. On écrit son billet de confession à l'étude du matin, le jour où l'on désire se présenter au Confesseur. Ce billet lui est transmis par les soins du Président d'étude. Au retour de leur billet, les élèves se rendent à la chapelle et se préparent avec tout le soin que mérite une action si sérieuse.

8° La communion fréquente est le moyen le plus efficace pour vaincre les mauvaises inclinations. Les élèves s'efforceront de mener une vie si chrétienne que leur Confesseur puisse les admettre souvent à la Sainte-Table.

9° Au commencement de chaque année scolaire, les élèves suivront les exercices d'une retraite de trois jours. Ils s'y livreront à un examen approfondi de leur conduite pendant l'année écoulée, surtout pendant les dernières vacances ; puis ils feront une confession générale de cette année pour se préparer, par une fervente communion et la force que donne la paix du cœur, à l'accomplissement de leurs bonnes résolutions.

II. — Devoirs envers les Maîtres.

1. — Les élèves n'oublieront jamais que les Maîtres sont à leur égard les représentants de Dieu, dont ils tiennent l'autorité, et de leurs parents dont ils partagent la sollicitude. Ils n'éprouveront aucune peine à leur obéir promptement et joyeusement et ils leur donneront les marques d'un affectueux respect, se rappelant que c'est à Dieu même que se rapporte cette soumission pleine de déférence.

2. — Ils recevront donc leurs avis avec un cœur

docile, leurs réprimandes ou leurs punitions sans aigreur et sans murmure, se persuadant bien qu'un Maître, comme un père, n'inflige quelque peine à ses enfants qu'en vue de leur bien, et pour extirper de leurs cœurs des défauts qui les empêcheraient de profiter de la bonne éducation qu'ils reçoivent.

3°. — La punition ou la réprimande doit toujours être acceptée en silence ; une réplique injurieuse ou hautaine en augmenterait singulièrement la gravité de la faute qui l'aurait attirée. Si l'élève se croit victime d'une erreur, il demande à parler en particulier à son Maître, et il lui expose avec calme et respect les raisons qu'il croit de nature à amener sa justification.

4. — Le respect dû aux Maîtres exige qu'on écoute attentivement leurs explications pendant la classe, qu'on fasse promptement et correctement les punitions et les pensums, qu'on leur réponde debout, quand ils interrogent, qu'on ne leur parle ou qu'on ne les rencontre jamais sans les saluer et se découvrir, sauf pendant les jeux de la récréation.

5° Les élèves doivent à leurs Maîtres une profonde reconnaissance pour les soins dont ils les entourent. La meilleure manière de la leur prouver, c'est de répondre à leurs efforts par une bonne conduite et des succès ininterrompus. Ils sauront profiter de toutes les circonstances pour la leur manifester ouvertement, en souhaitant leur fête avec une simplicité toute cordiale, en les visitant pendant les vacances et en revenant les voir, même après la fin de leurs études ; enfin en prenant leur défense avec une calme franchise quand ils sont injustement attaqués.

III. — Devoirs envers les condisciples et les étrangers.

1. — Les élèves, abrités sous le même toit, se regarderont comme des frères et vivront entre eux

dans une familiarité affectueuse et polie. Ils s'efforceront d'acquérir dans leurs rapports cette affabilité qui gagne les cœurs et cette urbanité de manières qui distingue les hommes de bonne éducation. En conséquence, ils éviteront les paroles hautaines, les querelles, les surnoms, les railleries et les injures ; ils ne prendront jamais un ton fier et méprisant, un air prétentieux qui décèle une sotte vanité ; ils combattront la brusquerie et cette taquinerie désobligeante si redoutée des condisciples doux et polis, et ils prendront pour règle de se gêner sans cesse pour n'être jamais à charge aux autres.

2. — Ils seront pleins de bonté et de prévenance pour les nouveaux, leur venant en aide dans leurs embarras, et se gardant bien de rire de leur maladresse ou de leur ignorance des usages.

3. — Les élèves soucieux de plaire à Dieu et de s'améliorer chaque jour ne se contenteront pas d'éviter les défauts grossiers qui viennent d'être signalés ; mais ils pratiqueront la charité chrétienne en portant au bien leurs condisciples. Ils avertiront ceux qu'ils voient sur le point de commettre quelque faute ; ils calmeront les contestations et les querelles, ramèneront à des idées saines ceux qui se plaignent de la Maison ou qui murmurent contre les Maîtres ; en un mot, ils rendront à leurs condisciples tous les services spirituels dont ils sont capables.

4. — Ils n'auront d'antipathie pour aucun de leurs condisciples et ne fréquenteront spécialement aucun d'eux pendant les récréations et les promenades. Ils éviteront l'isolement et ces amitiés particulières où l'on semble mépriser tous les élèves pour s'attacher à un seul.

5. — Si des parents, des étrangers ou des ecclésiastiques viennent les visiter, ils se découvriront, les salueront et leur parleront avec respect. Ils les placeront à leur droite s'ils se promènent ensemble,

leur céderont le pas s'ils franchissent les portes, s'empresseront de les débarrasser de leur canne ou de leur parapluie quand ils se reposent dans un appartement; en un mot, ils seront très attentifs à leur rendre les petits services que le savoir-vivre exige de ceux qui reçoivent une visite honorable.

6. — S'il est indigne d'un élève charitable de rapporter aux Maîtres les fautes de ses condisciples, pour les faire punir ou pour se faire valoir, la charité elle-même lui fait un devoir d'avertir le C. F. Directeur quand il possède la preuve qu'un élève cherche à entraîner au mal un ou plusieurs de ses condisciples, ou qu'il se trame quelque complot de nature à nuire au bien général.

IV. — Devoirs envers eux-mêmes.

1. — Le respect de soi-même est un des fruits de la bonne éducation. Sans se montrer ni fiers, ni hautains, les élèves garderont une attitude froide et réservée en face de ceux qui tiendraient des discours contre la foi ou les bonnes mœurs. Ils pourraient même leur imposer silence et les avertir nettement qu'ils se feront un devoir d'en avertir le C. F. Directeur.

2. — S'ils doivent se faire respecter des impies et des libertins, ils ne sauront pas moins se gouverner eux-mêmes d'après les règles de la plus stricte décence, afin que le mal ne souille ni leurs sens, ni leur imagination.

3. — Ils éviteront l'imitation du cri des animaux, les grimaces, les bouffonneries ridicules, les attitudes grotesques et malséantes, qui, si elles ne sont pas des fautes, sont au moins la marque d'un esprit sans dignité. Ils s'interdiront absolument les jurements et les blasphèmes, les paroles indécentes ou équivoques, qui décèlent souvent un esprit grossier et inculte ou une âme dégradée.

4. — Il se corrigeront des défauts extérieurs qui leur sont signalés par les Maîtres comme la malpropreté des habits, des mains, de la tête et du visage ; une démarche lourde, une taille voûtée, une tenue négligée ou une excentricité de mise qui blesse le bon goût. Ils porteront l'esprit d'ordre et de propreté jusque dans les effets qui leur appartiennent : linge, pupitre, livres et effets classiques.

5. — Mais si l'extérieur doit être bien réglé, l'intérieur ne doit l'être pas moins. Ils s'efforceront d'acquérir les vertus chrétiennes qui conviennent surtout à leur âge : l'obéissance, l'amour du travail, la douceur, la sobriété et la mortification, etc.; et ils combattront sans cesse le penchant à la désobéissance, à la paresse, à la gourmandise, à la colère, etc.

6. — La véritable politesse est le reflet d'une âme charitable ; les élèves ne comprendront jamais assez combien elle charme et édifie ceux qui en sont témoins, combien elle rend faciles et agréables les rapports avec les hommes. Aussi doit-elle tenir le premier rang dans leur estime après la religion et s'imposer à leur volonté au même degré que le succès de leurs études.

7. — Le travail de l'étude est un de leurs principaux devoirs d'état. Ils penseront souvent aux sacrifices que s'imposent leurs parents et au dévouement de leurs Maîtres, pour s'exciter à travailler avec une ardeur toujours croissante. Il faut qu'ils puissent toujours se rendre intérieurement le témoignage qu'ils ont fait le possible et que la conscience ne leur reproche rien.

CHAP. II. — RÈGLES DISCIPLINAIRES.

I — Discipline générale.

1. — Le silence est de règle hors le temps et le lieu des récréations.

2. — Toute réunion d'élèves, hors de la présence des Maîtres, est rigoureusement défendue.

3. — On ne doit jamais se séparer de la communauté sans avoir obtenu la permission du Maître qui préside ; on l'avertit également au retour. Celui qui arrive après les autres, rend compte de son retard.

4. — Les élèves écrivent à leurs parents aux époques convenues entre eux. S'ils ont quelque latitude à cet égard, ils profiteront du lendemain de la proclamation des notes mensuelles pour leur annoncer en toute simplicité leurs succès ou leurs échecs.

5. — Les lettres que l'on reçoit ou que l'on envoie sont d'abord remises au C. F. Directeur. Les paquets peuvent être visités.

6. — Toute communication avec les étrangers est interdite. En cas de nécessité, on en demande la permission. Les billets d'élève à élève sont sévèrement défendus, et les commissions données clandestinement aux externes ou aux domestiques sont punies des peines les plus graves.

7. — Nul ne peut avoir de malle ou de pupitre fermant à clef à moins qu'on ne remette une seconde clef de ce meuble aux mains du C. F. Directeur.

8. — Il est absolument défendu aux élèves d'introduire dans la Maison et de lire des journaux politiques ou littéraires autres que ceux que l'on trouve à la Bibliothèque, de mauvais livres, des gravures indécentes, des chansons déshonnêtes. Tout livre, tout dessin, toute chanson qui seront trouvés non revêtus du timbre de la Maison, seront confisqués, et les délinquants punis ou renvoyés.

9. — Une sortie sans permission peut amener l'exclusion du coupable. Le renvoi s'impose contre un élève coupable de fautes publiques contre les mœurs et contre celui dont l'insubordination est un scandale.

10. — Les comestibles ou friandises apportées par les parents sont déposés dans une salle spéciale

qui ne s'ouvre qu'au moment du goûter. L'introduction de liqueurs dans la Maison est absolument défendue.

11. — Les élèves ne gardent pas plus de cinq francs dans leur porte-monnaie. L'excédant est remis aux mains du Maître désigné par le C. F. Directeur, pour être employé selon les intentions des parents.

12. — Il est défendu d'emprunter de l'argent. Les ventes, les achats, les échanges entre élèves ne se font qu'avec l'autorisation du C. F. Directeur.

13. — Quand on se rend d'un lieu à un autre, il n'est pas permis de se détacher des rangs.

14. — Il est défendu de cracher sur le pavé ou le parquet, à l'intérieur de la Maison.

II. — Etudes.

L'Etude est le sanctuaire du silence et du travail. Ce mot désigne aussi le temps passé dans la salle d'études à la préparation des devoirs et des leçons.

1. — Elle commence par le *Veni, Sancte Spiritus* et *l'Ave Maria*, que l'on récite à genoux, au signal du Maître; elle se termine par le *Sub tuum*. Les élèves se recueillent, croisent les bras, baissent modestement les yeux et élèvent leur cœur, pendant que leurs lèvres prononcent les paroles.

2. — Il est défendu de s'adresser au Maître, même par signes, pendant les cinq premières minutes. C'est par un signe de la main qu'on demande une permission de déplacement.

3. — On doit éviter avec soin tout ce qui peut distraire ou incommoder les condisciples, comme de remuer les pieds, les tables ou les bancs, d'ouvrir, de fermer avec fracas les portes ou les pupitres, de se placer de manière à leur masquer la lumière, de faire des signes à un autre ou de lui passer quelque objet, etc.

4. — La bonne tenue à l'étude exige que l'élève ne se couche, ni ne s'accoude lourdement sur le bureau, qu'il ne place pas les mains plus bas que la poitrine et qu'il ne s'appuie pas contre les tables placées derrière lui.

5. — Il n'est pas permis de communiquer ses devoirs à un autre élève ou de copier le devoir du voisin. L'exactitude à faire soi-même le devoir donné est la probité des écoliers.

6. — Les études ordinaires sont entièrement consacrées aux leçons et aux devoirs ; on ne doit alors ni lire, ni écrire, ni copier de la musique sans l'autorisation du C. F. Directeur. La lecture des ouvrages de la Bibliothèque n'est autorisée que pendant certaines études libres.

7. — L'ordre et la propreté sont indispensables dans une communauté. Non seulement l'intérieur des bureaux sera arrangé avec symétrie et convenance, mais il est défendu aux élèves de jeter de l'encre ou du papier sur le parquet des études et des classes.

8. — Les dégradations volontaires sont punies : on considère comme dégradation tout dessin, tout caractère tracés sur les murailles ou les meubles aussi bien que les entailles et les fractures.

9. — Les élèves sont tenus de remettre au Président d'étude, à sa réquisition, les livres, cahiers, papiers ou autres objets qui leur sont un sujet de distraction.

10. — Il est défendu d'ouvrir le pupitre d'un voisin et d'emprunter ses effets en son absence.

11. — Les élèves qui ont besoin de papier, de plumes, etc., en font la demande par écrit sur le carnet de procure, qu'ils remettent à leur professeur au commencement de la classe du lundi et du vendredi.

12. — Ceux qui, pendant les études, sont autorisés à recevoir des leçons particulières de musique, de

langues, etc., sortent sans bruit et se rendent directement et en silence au lieu où se donne cette répétition.

13. — Quand, par son inconduite, un élève a mérité d'être mis hors de l'étude, il se rend immédiatement chez le C. F. Directeur, soit avec un billet du Président d'étude, soit en compagnie d'un autre élève désigné par le Maître.

III. — Classes.

1. — Les élèves munis de tous les objets nécessaires, se rendent aux classes en rangs et en silence.

2. — Ils saluent le Crucifix et le Maître, déposent leurs livres, puis se mettent à genoux pour la récitation de la prière.

3. — L'élève qui, pour un motif urgent, se serait absenté d'une étude en tout ou en partie, présenterait à son Professeur l'autorisation écrite de s'absenter de cette étude comme preuve qu'il n'a pu faire ses devoirs.

4. — Lorsque le Président d'étude a signalé au Professeur un élève qui a mal employé son temps, il est du devoir du Maître d'être plus exigeant à son égard, de l'interroger plus à fond sur les leçons, d'examiner ses devoirs avec plus d'attention, de lui marquer des notes plus faibles si le travaille laisse à désirer, et enfin de le punir en cas de récidive.

5. — Le silence est absolument nécessaire pendant la classe. Si l'on désire une explication supplémentaire, on demande, par un signe de la main, l'autorisation de poser une question.

6. — L'élève interrogé se lève dès que son nom est prononcé. Il reste debout aussi longtemps que dure l'interrogation.

7. — Les simples bienséances exigent qu'un élève

ne présente à son Professeur que des devoirs entiers et bien soignés sous tous les rapports.

8. — L'attention, une attention soutenue, est le devoir de l'élève pendant la récitation des leçons, la correction des devoirs et les explications du Professeur. Le succès est à ce prix.

9. — Les articles 2, 4, 5, 7, 8, 9 et 13 du règlement des études sont applicables à la classe.

IV. — Récréations.

1. — On ne rompt les rangs et le silence qu'au lieu de la récréation et au signal donné par le Président.

2. — Les pensionnaires, sauf avec une permission, ne doivent ni s'absenter de la récréation, ni y arriver après les autres. Après une absence, on va prévenir le Président de son retour.

3. — La récréation ayant pour but le délassement de l'esprit et la santé du corps, les élèves se feront un devoir de s'y donner beaucoup d'exercice. Ils préféreront aux jeux sédentaires ceux où l'on se donne du mouvement.

4. — Les jeux qui fatiguent l'esprit, comme le jeu d'échecs, etc., les jeux de cartes, les jeux de hasard, les jeux de main et ceux qui exigent l'usage du bâton, sont prohibés pendant la récréation.

6. — Il est défendu de se réunir en groupes où l'on ne joue pas, de former des groupes de deux joueurs seulement, de jouer de l'argent, de lancer des pierres ou autres projectiles, de tenir dans ses mains un couteau ou un instrument tranchant, de boire de l'eau fraîche sans permission, de grimper aux arbres de la cour, d'en couper les branches et d'en entailler l'écorce.

6. — Le patois est interdit dans la Maison ; les élèves se feront un devoir de s'exprimer en français correct et exempt de tout accent particulier.

7. — On ne doit jamais parler dans les cabinets d'aisances, et, si l'on attend pour y entrer, il faut se tenir à une distance convenable.

8. — On ne quitte pas ses habits sans permission, on évite de les salir, de les déchirer, et l'on ne se sert jamais de ses effets pour jouer.

9. — Outre les règles ci-dessus énoncées, les élèves observeront, pendant la récréation, celles qui concernent les devoirs envers les condisciples et envers eux-mêmes, pages 60, 61, 62 et 63.

10. — Au premier signal qui annonce la fin de la récréation, les jeux cessent et les élèves prennent leurs précautions. Au second, le silence s'établit et les rangs se forment ; au troisième, on se met en marche.

V. — Promenades.

1. — Si la promenade succède à la récréation, à la fin de celle-ci, au lieu de se grouper dans la cour par ordre d'études, les élèves se rangent par ordre de dortoirs ; puis ils montent pour prendre les soins de propreté indispensables et se revêtir de l'uniforme s'il y a lieu. Lorsqu'ils sont prêts, ils se tiennent au pied de leur lit, et la descente s'opère comme le matin. Arrivés à la cour, ils se mettent sur deux rangs et forment autant de groupes qu'il y a de promenades différentes ; puis ils sont passés en revue par le Maître de discipline, qui donne ensuite le signal du départ.

2. — Le silence a été gardé depuis la fin de la récréation, et il continue à être observé quand on traverse la ville. Lorsque la promenade est arrivée hors de la ville, le Président donne un signal pour que les élèves se forment par groupes de trois, comme il a été réglé d'avance, et le silence est levé.

3. — En traversant la ville, on ne permet pas de quitter les rangs pour quelque motif que ce soit ; si l'on

rencontre une personne de connaissance, on la salue poliment et sans s'arrêter.

4. – Tous doivent assister aux promenades, à moins d'une permission spéciale du C. F. Directeur.

5. — Le képi ou la casquette d'uniforme est obligatoire.

6. — Les groupes se suivent à une distance égale sans se mêler et sans laisser de lacunes.

7. — Lorsqu'on est arrivé au but de la promenade, le Président assigne des limites que nul ne peut franchir sans permission. Celui qui a été autorisé à s'écarter, se présente au retour devant le Président.

8. — Pendant la promenade, on salue les Croix, les autorités, les prêtres, les religieux et les religieuses et les personnes que l'on connaît particulièrement.

9. — Sont interdits pendant la promenade les jeux prohibés à la récréation.

10. — Les élèves se garderont de commettre quelque dégât, si minime qu'il soit, comme de fouler les prés ou les champs ensemencés, de couper des branches, etc.

11. — On ne fait pendant la promenade aucune dépense qui n'ait été autorisée d'avance par le C. F. Directeur.

12. — Il est défendu de boire pendant les promenades sans l'autorisation du Président.

13. — La politesse et la bonne tenue sont de rigueur en promenade. On évitera donc de tenir les mains dans les poches du pantalon, d'interpeller les passants, de les regarder avec inconvenance, etc.

12. — Au signal du retour, les élèves se rassemblent près du Président, et forment les groupes de trois qu'ils maintiennent jusqu'à la rentrée de la ville. A un autre signal, le silence s'établit, et l'on s'aligne deux à deux, pour éviter l'encombrement

des trottoirs. Les rangs sont gardés, même par les externes, jusqu'à ce que l'on soit arrivé dans la cour de récréation.

VI. — Réfectoire.

1. — En entrant au réfectoire, les élèves se découvrent et se tiennent debout à leurs places, le visage tourné vers le crucifix, et ils attendent en silence que le Président commence la prière.

2. — Les élèves, plus que partout ailleurs, ont besoin de se recueillir pour la récitation du *Benedicite* et des *Grâces*.

3. — Le silence est rigoureusement exigé au réfectoire, afin que la lecture puisse être entendue de tous. On évitera autant que possible de faire du bruit avec les pieds et surtout avec les couverts et la vaisselle, pour ne pas fatiguer inutilement le lecteur.

4. — Les élèves s'appliqueront au réfectoire à respecter les règles de la propreté et des bienséances. Jeter des noyaux ou des débris sous la table, ou les déposer à côté de son assiette, répandre de l'eau, du vin ou de la sauce, salir leurs habits, appuyer les coudes sur la table, se jeter quoi que ce soit, gaspiller les mets, se servir trop copieusement de ce qui plaît, dégrader volontairement la vaisselle, etc., sont des inconvenances si grossières qu'il suffit de les nommer. Non seulement on doit s'en abstenir, mais il est recommandé de pratiquer la véritable civilité en cherchant à être agréable aux condisciples : offrir du pain, de l'eau, du sel à ses voisins avant qu'ils en demandent, leur transmettre les plats avec empressement, les supporter pendant qu'ils se servent, lorsque la table est embarrassée, se priver même quelquefois, sans qu'ils s'en aperçoivent, de ce qui leur fait plaisir etc., sont des actes charitables que la simple politesse a fait passer dans les usages de la bonne société.

5. — Quand on a besoin de parler aux domestiques, on le fait en peu de mots et à voix basse, si l'on ne peut se faire comprendre par signes, on évitera avec eux toute familiarité, et toute impatience capable de troubler l'ordre et le silence.

6. — Il est très utile de s'habituer à prendre toutes sortes de mets ; les élèves devront donc en accepter un peu de ceux mêmes qui contrarient leur goût ou qui sont nouveaux pour eux.

7. — Lorsqu'il est permis de parler, on évitera d'élever la voix et de s'entretenir avec des élèves éloignés.

8. — Il est contraire aux bienséances d'emporter quoi que ce soit de ce qui a été servi au réfectoire.

9. — Une vertu spécialement recommandée au réfectoire est la sobriété chrétienne. Les élèves, surtout à certains jours de fête, veilleront sur eux-mêmes pour n'en pas franchir les limites, soit dans le boire, soit dans le manger, se rappelant que la gourmandise est un vice dégradant, même aux yeux des hommes.

VII. — Dortoir.

1. — La modestie est la gardienne des bonnes mœurs. C'est au dortoir surtout que les élèves s'adonneront à la pratique de cette vertu. Ils se deshabilleront et se mettront au lit en prenant de telles précautions que des regards étrangers ne puissent être offensés. Au reste, ils ne porteront pas les yeux sur les voisins, se contentant de veiller sur eux-mêmes pour être agréables à Dieu.

2. — Le *grand silence* s'ouvre à l'instant même où l'on met le pied dans le dortoir. Les élèves se souviendront que toutes les fautes commises au dortoir,

spécialement l'infraction à la règle du silence, sont punies plus sévèrement qu'en tout autre lieu.

3. — Arrivés auprès de leur lit, les élèves pieux font à genoux un acte de contrition des fautes de la journée, puis ils se déshabillent immédiatement, sept minutes au plus sont accordées pour le coucher.

4. — Ils s'occuperont de pensées chrétiennes, songeant que le sommeil est l'image de la mort, et ils s'endormiront en remettant leur âme entre les mains de Dieu.

5. — Le lendemain, au premier son de la cloche, ils font le signe de la croix et offrent leur cœur à Dieu, avec les actions de la journée ; puis ils se lèvent et s'habillent modestement.

6. — Avant de mettre leurs derniers vêtements, ils brossent leur chaussure, si la brosserie est voisine du dortoir, se lavent très proprement le visage, le cou, les oreilles, l'avant-bras et les mains. Ensuite ils font leur lit qu'ils ont dû aérer avant d'aller au lavoir ; ils se peignent, achèvent de s'habiller et se brossent soigneusement ; puis ils se tiennent debout au pied de leur lit.

7. — Sauf le cas de maladie, l'usage de cache-nez est prohibé dans les appartements.

8. — Si l'on est indisposé, on avertit le Président de l'impossibilité où l'on est de se lever.

VIII. — Parloir et sorties

1. — Si les élèves sont appelés au parloir, ils préviennent le Maître de discipline, qui les avertit de ce qu'il convient de réparer dans leur mise : mains visage, cheveux, chaussures malpropres, cravate en désordre, vêtement déchiré, etc. Après avoir rapidement mis ordre à leur tenue, ils se montrent de nouveau au Maître de discipline, puis ils se présentent au parloir.

2. — Ils entrent la tête découverte, embrassent leurs parents, et saluent gracieusement leurs visiteurs et les personnes qui peuvent se trouver au parloir. Ils n'y parlent qu'à demi-voix pour ne pas troubler les autres groupes de visiteurs ; ils y observent les règles de la politesse, et si on leur offre des fruits, ils se gardent bien d'en jeter les débris sur le parquet.

3. — S'il se présente des visiteurs inconnus ou non autorisés par les parents, on refuse aux élèves la permission de les voir ; ou bien un Maître les accompagne au parloir et reste avec eux tout le temps que dure la visite.

4. — Comme les visites, les sorties n'ont lieu que le jeudi, autant que possible, jamais un jour de classe, sinon pendant la récréation. Les parents ou correspondants autorisés qui demandent un élève, se présentent devant le C. F. Directeur accompagnés de l'élève pour lequel ils demandent le billet de sortie auquel il a droit. Le C. F. Directeur écrit sur le billet l'heure de la sortie et celle du retour. Lorsque l'élève est rentré, il présente immédiatement son billet au C. F. Directeur ou à son suppléant qui s'assure de l'exactitude du retour. Jamais un retard ne reste impuni.

Soit à l'aller, soit au retour, le permissionnaire doit montrer son billet au Concierge de la Maison.

IX. — Règles spéciales aux Externes.

1. — Les externes et les demi-pensionnaires sont assujettis aux études, aux classes, aux récréations, aux promenades, et aux offices comme les internes. Pour s'en absenter ou y venir en retard, il leur faut une autorisation préalable.

2. — Ils font leur retraite avec les pensionnaires, et se confessent comme eux tous les mois.

3. — Lorsqu'ils assistent aux promenades, ils doivent être proprement vêtus.

4. — En sortant de la Maison pour se rendre dans leurs familles, ils sont disposés en rangs par groupes de quartier, sous la conduite d'un moniteur qui doit à son retour prévenir le Maître de discipline des désordres qui se seraient produits. Au départ ils saluent le Maître.

5. — Pendant la formation des rangs, les élèves sont en silence. S'il leur est permis de causer au retour, ils le feront d'une voix médiocre.

6. — Ils éviteront avec le plus grand soin tout ce qui pourrait les confondre avec des enfants grossiers et sans éducation, comme serait de jurer ou de dire des paroles inconvenantes et malhonnêtes, de jeter des pierres, de se quereller, d'insulter les passants, etc.

7. — Il leur est absolument défendu de se charger de commissions pour les internes. L'infraction de cette règle les exposerait à se faire renvoyer·

8. — Pas plus que les internes, ils n'introduiront à la Maison de mauvais livres, des chansons licencieuses, des gravures indécentes. Tout exemplaire non marqué du timbre de la Maison est confisqué.

9. — Une conduite répréhensible, même hors de l'école, pourrait devenir un cas d'exclusion. Ils éviteront donc la fréquentation des enfants ou des jeunes gens qui pourraient les entraîner au mal.

10. — Les règlements de discipline générale et ceux qui concernent la religion, la politesse, les études et les classes leur sont entièrement applicables. En retour, ils peuvent, au point de vue de la conduite et du travail, obtenir les mêmes récompenses que les internes.

11. — Le satisfécit de *réfectoire* est remplacé pour eux par celui *d'exactitude.*

X. — Quelques avis pour le temps des vacances.

1. — Faire exactement tous les jours les prières du matin et du soir et celles qui précèdent ou suivent les repas.

2. — Se lever à une heure réglée, six heures au plus tard ; puis, la prière achevée, faire chaque jour une partie de ses devoirs de vacances.

3. — Eviter les mauvaises lectures ; montrer préalablement à M. le Curé les livres nouveaux que l'on se propose de lire.

4. — Fuir la compagnie des jeunes gens grossiers immoraux ou irréligieux et de tous ceux dont la conversation a pu nous choquer une fois.

5. — Faire le bonheur de ses parents par une grande docilité, une obéissance prompte et joyeuse et une affection toujours prête à répondre aux preuves d'amour qu'ils nous prodiguent.

6. — Pratiquer au dehors comme au dedans de la maison les règles de la politesse chrétienne. Etre doux, affable, prévenant, surtout à l'égard de ses frères et sœurs. Visiter M. le Curé, ses Parents et ses Bienfaiteurs. Garder les habitudes de propreté prises au Pensionnat. Eviter les critiques, les médisances, etc.

7. — Assister avec piété et modestie le dimanche aux offices de la paroisse, et à la messe les jours de la semaine, si les occupations commandées par les parents en laissent la latitude.

8. — Un jeune homme chrétien se rappellera qu'il n'y a pas de vacances dans le service de Dieu et le salut de son âme. Non seulement il remplira par esprit de foi les obligations que lui imposent les commandements, mais il travaillera à sa santification en marchant toujours en la présence de Dieu, et en lui offrant son cœur, ses travaux et ses peines.

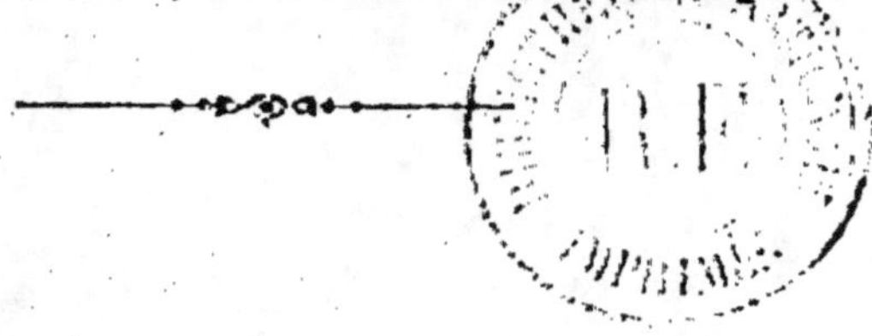

Nancy, Imprimerie cath. de René VAGNER, rue du Manège, 3.